人大重阳
RDCY
【RDCY Academic Series】
人大重阳学术作品系列

教育部人文社科规划基金项目（资助号：20YJA790086）

RESEARCH ON THE GOVERNANCE FUNCTION OF INSURANCE INSTITUTIONS

保险机构的治理功能研究

基于险资与董责险的微观实证

Micro Empirical Research based on Insurance Investment and D&O Insurance

许 荣◎著

中国经济出版社
CHINA ECONOMIC PUBLISHING HOUSE
·北 京·

图书在版编目（CIP）数据

保险机构的治理功能研究：基于险资与董责险的微观实证 / 许荣著. -- 北京：中国经济出版社，2020.4

ISBN 978-7-5136-6139-3

Ⅰ. ①保… Ⅱ. ①许… Ⅲ. ①保险公司-企业管理-研究 Ⅳ. ①F840.31

中国版本图书馆 CIP 数据核字（2020）第 067448 号

责任编辑 贺 静
责任印制 巢新强
封面设计 任燕飞工作室

出版发行 中国经济出版社
印 刷 者 北京九州迅驰传媒文化有限公司
经 销 者 各地新华书店
开 本 710mm×1000mm 1/16
印 张 13
字 数 181 千字
版 次 2020 年 4 月第 1 版
印 次 2020 年 4 月第 1 次
定 价 69.00 元
广告经营许可证 京西工商广字第 8179 号

中国经济出版社 **网址** www.economyph.com **社址** 北京市东城区安定门外大街 58 号 **邮编** 100011

目　录

第一章　保险机构影响公司治理的研究框架

本章概要

尽管传统上保险机构的核心金融功能被认为围绕风险分散和管理展开，但是现代金融市场的蓬勃发展使得金融机构之间的功能竞争日趋激烈，保险机构除提供风险分散与风险管理外，也为客户提供了更加多样化的金融功能选择，其中在金融实践中日益重要然而却在以往理论研究中容易被忽视的金融功能是保险机构参与提升公司治理机制。本章主要从三个方面讨论保险机构如何参与提升公司治理机制：第一，保险机构作为机构投资者发挥监督和激励职能，促进被投资公司提升治理效率；第二，保险机构通过提供董事责任高管保险，直接为公司治理风险进行定价并监督管理；第三，保险机构通过为企业提供财产保险等企业风险管理方案帮助缓解企业层面的代理问题，从而改善治理机制。

金融功能观是由博迪和默顿于20世纪90年代初发表的一系列论文及教材中提出的对金融机构及金融市场新的分析框架。在博迪和默顿等著的经典金融教科书《金融学》（博迪、默顿等，2010）中，他们提出，分析不同经济体、不同时期的金融机构适宜采用的分析框架更应集中于功能视角，而不是机构视角。原因在于：第一，金融功能比金融机构更为稳定，即金融功能随时间和经济体的变动较少；第二，金融机构的形式以功能为指导，即机构之间的创新和竞争将导致金融体系功能效率的提升。博迪和默顿等（2010）将金融机构基本核心的功能概括为六项：在时间和空间上转移资源；提供分散、转移和管理风险的途径；提供清算和结算的途径，以实现商品、服务和各种资产的交易；提供集中资本和股份分割的机制；提供价格信息；提供解决激励问题的方法。

尽管传统上保险公司的核心金融功能被认为围绕风险分散和管理展开（见表1－1），但是现代金融市场的蓬勃发展使得金融机构之间的功能竞争日趋激烈，保险公司除提供风险分散与风险管理外，也为客户提供了更加多样化的金融功能选择，最典型的如为客户投保资金提供投资功能。此外，在金融实践中日益重要然而却在以往理论研究中容易被忽视的金融功能是保险公司参与提升公司治理机制。笔者在本章中主要分三个方面讨论保险公司如何参与提升公司治理机制：第一，保险公司作为机构投资者发挥监督和激励职能，促进被投资公司提升治理效率；第二，保险公司通过提供董事责任高管保险，直接为公司治理风险进行定价并监督管理；第三，保险公司通过为企业提供财产保险等企业风险管理方案帮助缓解企业层面的代理问题从而改善治理机制。

表1－1　主要金融机构的传统金融功能比较

主要金融机构	传统金融功能
存款类金融机构	把客户存款转化为贷款，为存款客户提供流动性，并为贷款客户提供资金，在一定程度上实现了风险的分散化
保险公司	管理和分散风险
共同基金	细分股份，同时提供一项分散风险的有效途径，使得中小投资者降低交易成本，弥补了在信息、技术方面的劣势。达到参与市场并得到资产多样化投资的目的
风险投资公司	既提供融资服务，又提供经验，供管理层缺乏经验的年轻公司运用。体现了金融机构在时间和空间上转移资源的功能，以及提供信息、降低成本的功能
资产管理公司	为个人、企业、政府提供关于共同基金、退休金和其他资产组合的建议，且经常管理这些资产组合。体现了其提供信息、降低成本和促进财富增长的功能
财务公司	通过销售商业票据、发行股票和债券筹集资金，再将资金贷放给那些需要购买的消费者和小企业。体现了其在时间和空间范围内转移资源的功能，以及聚集资源、分散股份的功能

续表

主要金融机构	传统金融功能
投资银行	通过有效处理信息，帮助企业发行股票和债券。有助于资本市场上信息的流动和价格发现，有助于控制代理问题，有助于资源的有效配置

资料来源：吴晓求，王广谦，编著．金融理论与政策［M］．北京：中国人民大学出版社，2013.

一、险资投资开展公司治理的监督和激励功能

保险公司是金融市场中的重要机构投资者，截至 2018 年 5 月末，我国保险机构的资金运用规模达到 155487.46 亿元人民币。如表 1－2 所示，仅以 2017 年为例，保险机构合计投资了 484 家非金融上市公司，其中 2016 年中的不同保险机构对不同上市公司持股比例超过 5% 的样本有 210 个，超过 10% 的有 83 个。

表 1－2　2005—2017 年险资持股公司数量及其占比

年份	上市公司总数/家	持股公司数/家	占比/%	年份	上市公司总数/家	持股公司数/家	占比/%
2005	1271	68	0. 05	2012	2395	475	0. 20
2006	1355	209	0. 15	2013	2442	383	0. 16
2007	1471	163	0. 11	2014	2559	403	0. 16
2008	1526	181	0. 12	2015	2753	516	0. 19
2009	1680	223	0. 13	2016	3038	628	0. 21
2010	2031	477	0. 23	2017	3407	484	0. 14
2011	2265	538	0. 24	总计	28193	4748	0. 17

资料来源：Wind 数据库。

（一）险资投资对公司治理的正向激励

首先，保险公司作为金融市场中最重要的机构投资者之一，由于在信息、资金规模以及专业投资等诸多方面的独特优势，保险公司作为债权人或者股东参与对公司进行投资有可能提高市场定价效率、提高市场稳定性以及完善公司治理，因此，有较多研究文献认为保险公司的投资行为有助

于通过完善上市公司治理从而帮助公司实现业绩改善和价值提升。

从理论上说，机构持股比例越高，则机构投资者对被投资公司进行的监督越强，从而应该对公司绩效产生更加显著的正向影响。Cronqvist 和 Fahlenbrach（2008）以及 Ward 和 Yin 等（2018）都认为机构投资者的持股比例对公司绩效产生了正向影响。魏志华和吴育辉等（2012）则提供了机构投资者持股比例正向影响公司价值的中国市场的证据。

已有研究也发现了机构投资者影响公司绩效的诸多机制和渠道，如机构投资影响并购决策（Chen and Harford et al.，2007）以及影响投资决策（Scott and Shih - Chuan，2012）。Edmans（2014）重点讨论了机构投资者通过参与公司管理的积极干预机制以及卖出持有股价退出威胁的消极机制对公司治理产生的重要影响。Aghion 和 Van Reenen 等（2013）则发现机构持股通过降低管理层的职业风险有助于公司创新。

针对中国市场的研究中，李维安和李滨（2008）基于 2004—2006 年沪深两市 3470 家样本的实证结果显示，机构投资者在提升上市公司治理水平方面发挥了重要作用，降低了上市公司的代理成本，机构投资者持股比例与公司绩效和市场价值之间存在显著的正相关关系。韩晴和王华（2014）从独立董事责任险（独董险）和机构投资者二者的共同治理效果视角出发，发现独董险强化了独立董事的独立性和信息监督动机，进而有助于机构投资者提高治理效率。石美娟和童卫华（2009）研究发现，机构投资者持股比例和公司价值存在显著正相关关系，表明后股改时期，机构投资者为维护自身的利益，有动力和能力去监督上市公司经营，从而促进公司价值的提升。

（二）险资投资可能的负向影响

保险资金规模巨大，其举牌上市公司的能力更胜于其他投资机构，有可能借助资金优势通过入主上市公司从而实施掠夺，因此部分媒体甚至监管部门把保险资金投资上市公司比作“门口的野蛮人”和“害人精”。截至目前，关于险资投资上市公司真实影响的规范实证研究仍然较为缺乏。

已有的实证研究中，如 Gompers 和 Ishii 等（2003）的研究显示，公司为阻止其他机构增持股份而设置较强的反收购机制将降低公司治理质量，从而导致公司估值下降。事实上，当公司面临收购威胁时，管理层有可能采取各种措施阻止收购，这一阻止收购的过程有可能伴随着公司管理费用的急剧上升，甚至公司会通过“毒丸”策略或者“焦土”政策进行自我价值毁灭以阻止潜在的收购行为。然而，关于保险资金等机构投资者在何种限度内的股份持有将有利于对被投资公司的监督，而超过何种限度则有可能引发被投资公司采取反收购措施，尚未在已有文献中得到足够重视。

Li 和 Moshirian 等（2006）特别指出，险资等机构投资者发挥公司治理功能的关键在于险资运行所处的外部法制环境。如果险资运行的外部投资者保护环境更为严格、金融市场公司治理机制更为良好，则险资等机构投资者更有可能通过发挥监督职能促进被投资公司的公司治理机制完善。

二、保险机构通过提供董责险以及相关责任保险开展公司治理

董事高管责任保险（以下简称董责险），即公司或公司与董事、高级管理人员共同出资购买，对被保险董事及高级管理人员在履行公司管理职责过程中因被指控工作疏忽或行为不当而被追究其个人赔偿责任时，由保险人负责赔偿该董事或高级管理人员进行责任抗辩所支出的有关法律费用并代为偿付其应当承担的民事责任赔偿的保险。2002 年 1 月 15 日，最高人民法院发出《关于受理证券市场因虚假陈述引发的民事侵权纠纷案件有关问题的通知》之后，平安、美国美亚、中国人保、华泰财产保险公司等保险公司相继推出董责险险种。2002 年 1 月 24 日，万科与平安保险签订的首份保单，成为董责险的第一份保单投保客户。据统计，截至 2016 年年底，共有 194 家上市公司的公告宣布购买董责险，占上市公司总数的 6.36%。具体数据如表 1 – 3 所示。

表 1－3　首次购买董责险上市公司的年度和行业分布情况

首次购买年度	公司数目/家	占比/%	证监会行业	公司数目/家	占比/%
2002	31	15.98	制造业	84	43.30
2003	13	6.70	金融业	31	15.98
2004	5	2.58	交通运输、仓储和邮政业	16	8.25
2005	10	5.15	批发和零售业	16	8.25
2006	5	2.58	房地产业	12	6.19
2007	15	7.73	电力、热力、燃气及水生产和供应业	10	5.15
2008	26	13.40	采矿业	9	4.64
2009	9	4.64	信息传输、软件和信息技术服务业	6	3.09
2010	8	4.12	建筑业	4	2.06
2011	6	3.09	文化、体育和娱乐业	3	1.55
2012	20	10.31	水利、环境和公共设施管理业	2	1.03
2013	11	5.67	农、林、牧、渔业	1	0.52
2014	10	5.15			
2015	13	6.70			
2016	12	6.19			
合计	194	100	合计	194	100

资料来源：根据上市公司董事会公告和股东大会决议公告手工收集完成。

尽管目前的多数研究文献集中于讨论银行贷款的监督效应、对冲基金的积极干预以及共同基金、养老金等机构投资者通过取得董事席位甚至威胁退出等治理机制发挥作用。然而，不同于上述机构因为持有股权和债权具有经济激励而施加治理影响，保险公司通过为上市公司提供董事高管责任保险直接承担了上市公司治理缺陷而可能导致的治理风险，因此，保险公司有可能具有更加直接的激励发挥公司治理的监督功能。

从理论上说，保险机构收取的保费包含的风险溢价与投保公司的公司治理水平显著相关，可以此准确识别和定价投保公司的风险状况，因此保险机构是一个有效的监督者（Boyer and Stern，2012）。同时，保险机构因承担着未来大额赔付的不确定性风险，会积极地通过各种途径对投保公司进行事前风险评估、事中持续监督和事后的积极减损（凌士显、白锐锋，

2017)，又是一个积极的监督者。然而在实证研究中，保险机构能否有效发挥监督职能却并未得到充分研究。

已有研究表明，董责险的引入既有可能通过保险人积极、有效的外部监督提高高管违规成本，进而约束公司违规行为（凌士显、白锐锋，2017）（Yuan et al.，2016），又有可能通过转嫁董事高管面临的股东诉讼风险，弱化法律机制的威慑和约束作用，进而激发董事高管的机会主义行为和道德风险（Chalmers et al.，2002），并诱发公司违规行为。因此，董责险对公司治理的实际作用同时也是一个重要的实证研究课题，这也导致关于董责险的公司治理作用，学术界有两种针锋相对的观点。

（一）董责险改善公司治理的实证证据

一种观点认为，董责险的购买引入了保险人的外部监督，从而约束了管理层的机会主义行为，缓解了委托—代理问题，是一种有效的外部治理机制（Yuan et al.，2016；许荣、王杰，2012）。Baker 和 Griffith（2007）通过调研数据开展的实证研究表明，保险公司确实会根据公司治理的风险大小对董事责任高管保险进行保险定价，从而使公司治理机制差的公司被迫支付高额溢价。保险人积极、有效的监督发挥的外部治理作用已经得到文献的广泛支持。例如，Yuan 等（2016）研究发现董责险与股价崩盘风险呈显著的负相关关系，董责险的购买显著降低了财务重述行为的概率，提高了企业社会责任报告的披露水平，表明保险人可以发挥有效的监督作用，改善了投保公司的公司治理水平。凌士显和白锐锋（2017）研究发现，董责险的引入、引入时间长度、保险金额及相对保险金额等变量与上市公司资金占用率显著负相关，表明董责险可以有效抑制大股东的隧道行为，缓解上市公司的委托—代理问题，是一种有效的外部治理机制。

（二）董责险恶化公司治理的实证证据

然而，另一种观点则认为，董责险的引入将董事高管面临的股东诉讼风险转嫁给了保险人，使保险人承担了最后赔款人的角色，会大大降低董事高管面临的职业责任、弱化法律机制的威慑和约束作用，从而可能激发董事高管的机会主义行为和道德风险（Chalmers，Dann and Harford，2002）。例如，Weng 和 Chen 等（2017）研究发现，当董责险覆盖率较高因而面临较少的法律责任时，管理层的财务政策会更加激进，从而更可能错误报告盈余，重述财务报告，表明董责险加剧了管理层的机会主义行为和道德风险。吴锡皓和程逸力（2017）研究发现，相对于没有购买董责险的公司，那些购买董责险的公司随后发生财务重述的倾向更高，并且过大的高管权力会进一步恶化董责险诱发的财务重述行为，表明我国上市公司引入董责险有着非常强烈的机会主义动机。Chen 等（2016）研究发现，董责险与股权成本之间呈显著的正相关关系，董责险的引入在降低公司信息披露质量的同时提高了企业的风险承担水平，从而表明董责险的引入弱化了股东诉讼的惩戒效果，导致股权成本增加，恶化了委托—代理问题。Lin 等（2013）研究发现，公司董责险的覆盖率越高，风险承担水平和财务重述概率就越高，向银行贷款的利差就越大。Lin 等（2011）研究发现，董责险恶化了道德风险，使得投保公司收购溢价更高、收购协调效应更低，导致在兼并收购事件窗口期间的超额收益率显著较低。

三、保险机构通过其他风险管理产品提升公司治理水平

（一）降低外部融资成本尤其是债务融资成本

首先，公司购买如公司财产保险等风险管理产品有助于保持公司的财产价值稳定，并且保险公司对公司的投保财产的监督有助于减轻公司内部经营管理与外部投资者之间的信息不对称程度。Mayers 和 Smith（1982）最早创新性地提出公司购买公司财产保险后将显著降低公司破产成本从而有助于降低公司和外部投资者之间的代理成本。其后的实证研究中，Zou 和 Adams（2008）利用中国上市公司的财产保险投保数据实证验证了上市公司投保财产保险越多，相应会带来该公司更大的负债能力和更低的负债成本，从而在一定程度上为 Mayers 和 Smith（1982）推论财产保险有助于降低外部融资的代理成本提供了实证依据。

Zou 和 Adams（2006）利用中国上市公司购买财产保险的调研数据，实证表明上市公司投保财产保险的一个主要动因是减少公司治理中的代理冲突。除了和 Zou 和 Adams（2008）较为一致地发现负债能力与财产保险的正相关关系外，Zou 和 Adams（2006）还发现公司投保财产保险的额度大小与管理层持股也呈正相关关系。

然而，同样运用中国保险市场的数据，Jiang 和 Adams 等（2012）却发现公司投保财产保险的额度大小并不会显著影响“管理层堑壕指数”度量的公司治理效应。另外，Regan 和 Hur（2007）针对韩国财产保险市场的研究也得出了类似的结论，即上市公司的投保财产保险决策并不会影响公司的负债能力。

（二）缓解代理成本导致的投资不足问题

企业经营过程中由于资产收益的不确定性有可能出现固定资产意外损失的可能，如果没有财产保险的保障，那么企业所有者在考虑是否继续投资具有正现金流价值的情景下有可能作出放弃投资的选择，这就是公司金融中的由于代理成本导致的投资不足的经典命题。Mayers 和 Smith Jr（1987）最早对企业因拥有财产保险而减少了企业资产因为风险事故遭受意外冲击从而缓解投资不足进行了系统论证。Aunon - Nerin 和 Ehling（2008）获得了瑞士再保险公司的保单层面的企业财产保险数据，并系统运用企业财产保险保障覆盖程度以及企业财产保险免赔额等指标进行实证分析发现，支持企业的财产保险运用有助于缓解代理成本导致的投资不足问题。

（三）缓解企业管理层与企业所有者之间的代理冲突

传统上，缓解企业管理层与企业所有者之间利益冲突的主要工具是管理层持有股份或者期权。理论上，无论管理层是否持有公司股份或者期权，由于公司投保的财产保险产品以及风险管理方案，公司绩效不会受到风险事故的冲击影响，因而财产保险产品有助于企业所有者更加客观地评估管理层绩效。另外，如果管理层持有公司股份特别是公司股份期权时，财产保险产品由于降低了公司资产价值的波动性也有可能使管理层持有的公司期权价值有所降低。因此，总体而言，财产保险产品对于管理层与企业所有者之间的代理冲突的影响是不确定的。实证研究中，Hoyt 和 Khang（2000）发现财产保险的购买和管理层与所有者之间的代理冲突呈负相关关系。Adams 和 Lin 等（2011）运用世界银行对中国企业层面的调研数据同样实证发现，企业管理层和企业所有者之间的利益一致性与多种指标度量的企业财产保险购买之间呈显著正相关。

除了一般性的财产保险外，Beatty 和 Gron 等（2005）专门研究了保险公司提供的产品责任保险是否能够对公司治理发挥影响，其实证研究发现，更多的产品责任保险由于减少了企业在产品质量出现严重问题时的赔偿或召回因而引发的小概率大规模损失风险，从而与企业管理层更少数量的期权授予呈正相关，在一定程度上也降低了管理层和企业股东之间的代理成本。

第二章　金融危机时期保险投资案例分析

本章概要

本章通过研究美国2008年金融危机期间巴菲特管理的机构所采取的“逆周期”投资策略的案例，分析了金融危机期间伯克希尔公司对现金、股票、固定收益证券的投资组合选择行为的变化，以及对债券保险、信用违约互换、期权等金融衍生品的运用。在此基础上，本章对保险机构在金融危机时期开展“逆周期”投资的经验进行了总结，并给出相关建议。

尽管经典的投资学教科书（如国内外商学院投资学课程首选博迪等著的《投资学》教材）缺乏章节专门研究金融危机时期的投资策略，甚至选择忽略金融危机，而通篇讨论均衡状态下的资产定价与配置规律，然而，金融危机却频繁出现在历史上各个经济体的几乎所有经济发展阶段，甚至表现出令人吃惊的规律性（Brunnermeier and Oehmke，2013）。2015年，中国股票市场爆发自1990年建立以来最严重的危机，对机构投资者的资产管理形成了巨大的挑战。因此，研究金融危机时期的投资策略对于保险机构这类现代金融市场极为重要的机构投资者而言就显得尤其重要而迫切。

另外，机构投资者的顺周期投资行为容易产生“羊群效应”，从而在金融危机时期形成资产价格下跌和增加卖出的正反馈，对金融系统的稳定性产生严重负面影响。而机构投资者的逆周期投资行为相对而言有助于抑制金融资产价格的过度波动，从而有利于金融系统的稳定性。因此，从金融监管的视角出发，研究机构投资者如何合理选择逆周期投资策略也具有重要的研究意义。

已有研究文献中存在关于金融危机时期保险资金投资存在理论上逆周期的投资理论建议（Cochrane，2009）和实践中顺周期的实证数据观察（IFM，2013；英格兰银行，2014）之间的矛盾。系统梳理保险机构在金融危机时期是增加投资（逆周期）还是规避风险（顺周期）的利弊比较，需要更多的理论与实证研究，本章仅从案例分析的视角研究巴菲特管理的伯克希尔保险集团在美国股灾期间的投资实践，以期为中国保险资金的投资管理提供启示。

巴菲特管理的伯克希尔·哈撒韦保险集团是一家以“保险+投资”模式卓著于世的企业。2008 年美国金融危机期间，巴菲特管理的保险机构采取增持优先股及低估值股票、扩大固定收益证券业务、开展大量金融衍生品交易等措施，实施了非常成功的“逆周期”投资策略。

一、逆周期投资和顺周期投资理论与案例

尽管现有实证证据普遍发现机构投资者倾向于采取顺周期投资策略，但是在金融危机期间，这种顺周期投资策略容易形成正反馈机制，会加剧市场的不稳定。通常来说，短期投资者试图通过发现错误的定价来获取收益，从而在一定程度上加快了市场的流动性。但长期投资者使用的资金期限较长且有时并没有确切投资要求约束，理论上可以通过长周期投资规避短期波动以及羊群效应的影响，进而获取长期收益并维护市场稳定。国际货币基金组织在 2013 年的一篇工作论文中提到，2008 年金融危机期间，长期机构投资者如养老金、寿险投资、共同基金、主权财富基金、央行外汇储备等都存在“羊群效应”。此处重点研究各国养老金、寿险资金等机构投资者在股灾期间的顺周期和逆周期行为，以期与巴菲特的投资策略相比较。

根据经合组织（OECD）披露的数据，2008 年和 2009 年，美国、葡萄牙、西班牙等国的养老金机构投资者采取顺周期策略，净卖出所持有的股

票资产。不过，挪威、意大利、波兰、土耳其等国的养老金机构投资者则在金融危机期间大量购入股票，并在市场复苏后降低购买力度，这是典型的逆周期投资策略。对于寿险投资，Roudolph（2011）指出美国政府的相关监管框架在一定程度上起到了维持寿险资产配置稳定的作用。然而，近年来一些退休储蓄产品逐渐变得风险激进和相互竞争。此外，保险公司或其子公司出售的 CDS 等产品在金融危机期间引发了偿付或流动性问题。这些都使得寿险公司倾向于顺周期策略，在股市下跌时出售资产以缓和压力。

根据英格兰银行 2014 年发表的一篇论文，英国的收益确定型（Definedbenifit）养老金在短期（一个月或一个季度）内遵循逆周期投资，或许是为平衡各项资产比重。从中期来看，收益确定性养老金的资产分配更多是出于长期投资结构转化的考量而非基于周期变化，但这在某种程度上接近顺周期投资。从长期来看，英国的养老金和寿险资金机构投资者降低了股票的投资份额，也就是存在顺周期投资。

综合来看，有以下原因导致英、美等国养老金和寿险资金机构投资者的顺周期投资行为：

①低估了流动性需求。长期投资者有时会面临短期流动性需求，危机发生前，竞争压力、机会成本等因素使得机构不愿过多存放现金，市场环境逆转后，融资条件恶化，几乎所有的投资者都不得不出售资产以获取现金。②评估市场风险和预测宏观形势的困难。宏观经济预测模型很难预测经济周期的衰退和反转时点，传统的风险衡量方法如 VaR 容易低估潜在风险。这些困难都使得投资者对未来预期不明，更偏好持有安全资产。③需要满足相关监管和市场约束。例如，以市场价值衡量企业的会计和财务状况，或者严格的资本约束要求，都会导致投资者更偏好短期投资，从而更易受市场波动的影响。④报告和披露政策的影响。每月或每季度的披露或许会影响投资者，使其偏离初始目标，转向短期投资，这更容易导致顺周期行为。⑤委托—代理问题和管理者的激励机制导致管理者偏好短期利益。一方面，委托—代理问题中普遍存在管理层在自己任期内追求较高回

报而忽视长期表现的道德风险；另一方面，管理层的业绩考核一般将指数或同行收益均值作为基准，但这种考核在某种程度上会激发“羊群效应”，特别是在股价下滑时。

事实上，养老金和寿险资金机构投资者拥有较长的投资期限，且面临的短期赎回或流动性压力较小，所购买和持有的资产可以跨越经济周期，因此完全可以发挥潜力，维护金融市场的稳定并增强市场应对风险的能力，在金融系统中充当逆周期投资的角色。有以下策略可以帮助长期机构投资者减少顺周期投资并促进长期投资。

（1）合理的投资策略和资产配置策略。资产配置策略是确保可持续的长期投资以及最小化顺周期行为的基础。

（2）资产组合再平衡规则也有助于避免顺周期行为，乃至有助于逆周期投资。再平衡规则包括在价格上升时卖出、价格下降时卖出，从而规避某种资产的价格持续上涨占据主要投资收益。因此，再平衡同时也有利于避免“羊群效应”。

（3）有效的风险管理是减少顺周期投资的利器。减少风险的管理包括：获得更加完备的风险评估；采用更广泛的方法评定信用降级；加强和完善传统的风险评估模型；考虑某种行动对资本市场的潜在影响；在新的投资活动前进行更加审慎的尽职调查。

（4）拥有较好的公司治理，投资经理和董事会的关系也是影响投资行为的重要因素。投资策略必须受董事会的理解和信任，在金融危机期间能够承受一定风险，这样才有利于减少顺周期投资。

二、金融危机时期的巴菲特保险投资策略

伯克希尔·哈撒韦由巴菲特创建于 1956 年，是世界著名的保险和多元化投资集团。旗下业务包括保险、投资、公共事业、制造业、服务业和零售业，其中保险、投资是其主要业务。伯克希尔·哈撒韦集团主要通过国民保障公司和 GEICO 以及再保险巨头 General Re 公司等附属机构从事保险、再保险业务。GEICO 公司是美国第四大汽车保险公司，General Re 公

司是世界上最大的四家再保险公司之一。尽管伯克希尔·哈撒韦在珠宝业、糖果业、飞行培训业、鞋业等其他许多领域也有商业活动，但伯克希尔·哈撒韦公司的核心业务仍旧是保险业。从其 2013 年的收入结构上看，保险业的收入为 414 亿美元，在总收入中占 23% 以上，是伯克希尔·哈撒韦集团中占比最高的产业。

2007 年 4 月，美国次级房贷市场危机爆发，美国三大指数，即道琼斯工业指数、标准 500 指数、纳斯达克综合指数在 2008 年分别下跌 33. 3%、37. 8%、39. 2%①，其后，愈演愈烈，演变成全球性金融危机。在这场金融危机中，全球主要金融市场都陷入了越跌越卖、越卖越跌的恶性循环，绝大多数机构投资者及个人投资者均不计代价地出售金融资产，然后巴菲特管理的伯克希尔公司却通过“逆周期”投资获得了丰厚利润。

（一）投资组合选择

1. 金融危机时期是否一定“现金为王”

巴菲特自己在致股东的信中这样描述对现金的看法：“如果很长一段时间内一直执着于长期政府债券投资或者现金等价物，其后果一定是非常可怕的。当然，随着金融市场的进一步恶化，投资者持有这些资产将会越发地自我感觉良好，甚至到了沾沾自喜的地步。当他们听到所有评论都在说‘现金为王’时，他们越感到自己的决定明智。尽管这些‘现金为王’不能带来任何好处，而且随着时间的推移，购买力在不断下降。”巴菲特甚至表示，尽管以标准的资本资产定价模型衡量，现金的贝塔系数为零，属于典型的无风险资产，但其实质是属于高风险资产，因为其面临严重的通货膨胀风险，此外还损失了宝贵的投资获利收益。

2008 年年初，伯克希尔·哈撒韦公司拥有 443 亿美元的现金资产，之后又获得了 170 美元的经营收益。然而，在 2009 年，伯克希尔·哈撒韦公司的现金减少到了 306 亿美元，这表明其在过去两年已经大量使用了现金

---

① 参见美国各交易所网站统计数据。

资产。巴菲特在2011年的信中披露，雷曼破产后，整个市场一片恐慌，而伯克希尔·哈撒韦公司却在25天内投资了156亿美元。他表示“那是一个理想的投资时期：常伴随恐慌的氛围。那些投资者为了毫无意义的保证而付出更高的价格。最后，在投资中起作用的是你对所花的成本以及这个业务在随后的十年或二十年的盈利之间的比较”。

2. 增加股票投资

在巴菲特看来，危机期间股价的下跌实际上降低了投资的风险而不是增加了风险。他认为学术界用波动率衡量风险的方式并不完全正确，只有股票所代表的公司的内在价值才是衡量风险的基础。因此，股市动荡时，也是巴菲特购入股票的良好时间窗口。根据美国证券交易委员会披露的信息，相较于2007年年末，伯克希尔·哈撒韦公司在2008年加大了股票投资的力度，在此期间新购入的股票包括星座能源、NRG能源等公司股份，同时增持了原有的伯灵顿资源、富国银行、康菲石油等公司的股票。新购和增持的股票集中在能源、工业、银行和铁路运输等行业。

3. 大量买入固定收益证券

此处的固定收益类证券，主要是指公司的优先股和部分高等级的企业债券。2008年，巴菲特除了在股票市场上的直接投资，还通过大量收购美国企业的优先股以及公司债券的方式来投资美国企业。据统计，巴菲特2008年在固定收益类证券方面的投资已经超过180亿美元，是其在当年度最大的对外投资支出项目，这其中包括通用、高盛、箭牌三家企业共计145亿股带有认购期权的优先股，以及包括瑞士再保险公司、Tiffany & Co.、USGCorp.、Harley Davidson等公司在内的一共超过35亿美元的高收益率的公司债券。所有这些固定收益类证券的收益率都在10%～15%，远远高于危机前的同类债券的平均收益率。

（二）扩大衍生品业务交易

巴菲特对于各项金融衍生品一直秉持冷静理智甚至是克制保守的态度，早在1982年，巴菲特就给美国国会写信，陈述了股指期货存在的风险，呼吁联邦政府介入，以加强监管。1998 年，伯克希尔·哈撒韦公司收购通用再保险公司，当时通用再保险公司持有 23218 份衍生金融合约，巴菲特毅然选择逐步中止这些合约，这使得累计的税前亏损达到 4.09 亿美元。2006 年，巴菲特明确表示对自己的决策仍然感到无比欣慰。同样是 2006 年，巴菲特对市场上衍生性金融产品的蓬勃成长提出警告，认为这将导致系统风险的积聚，并最终引发金融危机。

然而，令人吃惊的是，在金融危机期间，巴菲特却扩大了衍生品业务的规模。2008 年，巴菲特在致股东的信中披露，2006 年伯克希尔·哈撒韦拥有 62 份衍生品合约，而 2007 年这一数字上升到 94 份。到 2008 年年底，伯克希尔·哈撒韦公司共持有 251 份衍生产品合约，风险敞口 371 亿美元，相比 2006 年和 2007 年所持有的衍生产品合约数量大大增加，这表明巴菲特在 2008 年金融危机期间扩大了衍生品业务的规模。

通过巴菲特致股东的信可以知道伯克希尔·哈撒韦的衍生品合约有两个重要的特点：

第一，在所有交易里，伯克希尔·哈撒韦公司都是通过卖出合约收到钱的一方，这意味着伯克希尔·哈撒韦公司并没有承担任何交易对手的风险。伯克希尔·哈撒韦的衍生品交易要求对方在合约签订时就付款。因此钱一直在伯克希尔·哈撒韦公司手里，这意味着没有违约风险。有一小部分合约要求伯克希尔·哈撒韦在市场发展对其不利时放置抵押品，但即使在 2008 年第四季度的混乱情况时，伯克希尔·哈撒韦也只是抵押了不到 1% 的证券组合。

第二，这些衍生品合约适用的会计准则不同于应用在伯克希尔·哈撒韦公司资产投资组合上的准则。在资产投资组合中，资产价值的变化将以净资产的形式显示在伯克希尔·哈撒韦的资产负债表上，但它不会影响收益，除非出售（或是冲销）资产。而衍生品合约的价值变化必须计入每季的收入中。

根据披露的数据，巴菲特持有的这些衍生产品合约有一部分是类似于“信用违约互换”（Creditdefault Swaps，CDS）的结构性衍生产品，用于承担特定债券的违约风险。而其余的绝大部分是为期 10～20 年的针对全球四大指数的卖出期权合约，这些合约都属于不可提前执行的欧式期权。到 2008 年年底，这类合约带来的合约费净收入是 49 亿美元，以Black－Scholes 计价方式记录的账面损失为 100 亿美元，累计反映在资产负债表上的损失数字是 51 亿美元。

在所有的衍生品交易中，伯克希尔·哈撒韦公司作为卖方，可以通过出售合约获取费用。无论是信用违约互换、债券保险还是卖出期权合约，其本质与通过保险公司销售保险合约获取保费收入并投资是一样的，即通过长期占用资金产生浮存金进行投资，这也是保险投资的特点之一。截至 2008 年年底，巴菲特通过卖出期权合约获得 49 亿美元净收入，2010 年解除 8 份超长期合约（净盈利 2.22 亿美元）后，总计还有 42 亿美元净收入，这笔数额巨大的资金不仅增强了他在金融危机期间的流动性，预计在 10～15 年的期限内将产生较高的投资回报。

同时，巴菲特对于金融衍生品保持着冷静，在危机逐渐平复且美国股市开始回暖的 2011 年，由于美国对于新建仓位担保物的要求发生了变化，巴菲特表示“笔者将不会新建任何大规模的衍生品仓位，笔者回避任何一种要求立即提供担保物的合约”。因此，巴菲特投资衍生品的目标是获得具有足够期限和安全冗余的资金与提高财务实力，当不符合其投资策略时即刻放弃。

（三）债券保险业务和信用违约互换的开展

债券保险，又名金融担保保险，是指债券发行人或承销商向专业保险公司投保，当保险合同约定的情形发生且导致被保险人无法履行偿付义务时，由保险人代为偿还剩余本金和利息。

2008 年 9 月底美国金融危机爆发之前，美国的债券保险机构承保的 2.3 万亿美元债券总额中结构性产品总值超过了 1 万亿美元，其中包括大约 2000 亿美元的住房抵押贷款证券（RMBS）、4250 亿美元的担保债务凭证（CDO）。并且主要债券担保机构的投资中有 30%～35% 投向了结构性产品，债券保险业是继投资银行等金融机构后损失最大的行业之一。①

美国的债券保险行业自2008年急剧萎缩，含保险的市政债券发行规模从2004.5亿美元降到721.8亿美元。在2005年的巅峰时期，约57%的市政债券带有保险，到2011年，仅有约3.5%的市政债券带有保险。② 由此可见，金融危机对美国债券保险行业打击巨大。然而，伯克希尔·哈撒韦公司却在金融危机期间扩大债券保险的承保规模。

巴菲特在2008年和2009年致股东的信中表示，2007年伯克希尔·哈撒韦公司进一步拓展债券保险合约，总计承担54份特定债券违约风险的合约，2008年再度增加了这类衍生品的数量，这些标准合约的覆盖期限为5年，合约的到期日从2009年9月至2013年12月，合约平均年限为2.3年。

在次贷危机不断深化的2007—2008年，巴菲特所持有的债券保险份额却在上升，而赔付的金额只有7000万美元。从2013年的数据来看，巴菲特在金融危机期间开展债券保险业务的策略是成功的。2013年年底，为公司债券提供信用保护的衍生品将全部到期，巴菲特表示可以确定从这些合约中获得超过10亿美元的税前收入。同时，由于提前收到债券保险的付款，在合约存续的5年时间内，将会有平均每年20亿美元的可自由调动的浮存金。在面临巨大信贷压力的时期还能够取得如此成功的业绩表现，这突出表明获取保费收入一定要与承担的风险相匹配是多么重要。

信用违约互换（Credit Default Swap，CDS），又称贷款违约保险，即希望规避信用风险的购买者向信用违约互换的出售者定期支付一定费用，一旦发生债券主体无法或不愿偿付的信用类事件，信用违约互换的购买方将从出售方获得赔付。2008年，伯克希尔·哈撒韦公司开始对私人公司出售信用违约互换，这与债券保险相类似，只是信用违约互换承保的是公司的信用风险，而不是免税债券发行人。根据披露的数据，截至2008年年底，

---

① 孙海容．从美国债券保险业的经验教训看中国开展债券保险业务的前景[J]．经济研究导刊，2012(1)：79－80.

② 张启迪，樊力嘉．美国债券保险发展与启示[J]．中国金融，2014(5)：69－71.

伯克希尔·哈撒韦共出售了价值40亿美元的合约，涉及42家公司，当年共收到9300万美元。这是伯克希尔·哈撒韦出售的衍生品中唯一具有违约风险的。因为在合约的5年存续期内，合约买方需要每季度向伯克希尔·哈撒韦公司支付费用。

伯克希尔·哈撒韦公司在股市动荡中开展债券保险业务依然遵循着巴菲特的保险投资理念。巴菲特实际赔付产生的成本很低，这依然符合巴菲特以较低成本占用资金形成长期浮存金并投资的保险模式。

（四）对短期波动和长期趋势的判断

关于股价的预测以及股市的走向，巴菲特认为自己及其合伙人当然也包括任何投资者均无法准确预测未来短期股市的走向，但却认为股市长期波动是可以预测的。事实上，巴菲特长期投资策略取得成功的一个重要前提是宏观经济长期内具备自我修正、恢复稳定且保持上涨的趋势，只有在该前提下，上市公司的平均内在价值才能在长期内不断增值。对于宏观经济长期视角下保持上涨趋势这一点，巴菲特一直深信不疑。而资金投资期限的长期性，也恰恰是保险资金区别于其他机构投资者的一个重要特点。基于对长期趋势的乐观判断，巴菲特倾向于长期投资，等待其所投资的资产将回归内在价值，这种策略同时降低了交易成本，并且将会展现复利的强大威力，带来高额回报。总结其对短期和长期的判断，核心是短期服从随机游走的原则，虽然无法预测，但大的趋势其实是可以判断的。市场短期走势犹如天气，不稳定而多变；而长期趋势犹如气候，稳定而易预测。

三、金融危机时期巴菲特保险投资的特点与启示

保险公司作为金融市场的重要机构参与者之一，其投资既有与其他机构投资者的共性之处，又有保险资金运用的独特之处。

（一）保险资金开展“逆周期”投资的可能性

正如芝加哥商学院的代表人物Cochrane教授在2008年11月撰文所指出的那样，金融危机的发生为“逆周期”投资提供了可能，当然只有低杠

杆或者没有杠杆、经营业务不容易受到经济衰退经济以及长期投资者适合开展“逆周期”投资。巴菲特管理的保险资金恰恰符合这三个特点，即较低的资金杠杆、经营业务充分的分散化、典型的长期投资者。

巴菲特管理的保险资金已经通过充分的经营分散化而不容易受到经济周期的影响，其通过改善经营和并购获得了稳定的现金流和利润来源。当金融危机发生时，大部分保险公司会受到巨大冲击：一方面，保费收入会受整体金融环境的影响而下滑；另一方面，投资于股票等资产的保险浮存金会大幅受损。据巴菲特 2009 年致股东的信，2008 年，整个保险业利润都明显下滑，利润率下降 4% 或更多。伯克希尔·哈撒韦公司由于拥有优秀的保险业务团队，在危机期间承保利润仍比较稳定。保费在降低，而损失敞口却在无情地扩大。但与此同时，它旗下的制造业、服务业和零售业公司（涵盖从棒棒糖到家用电器等各种商品领域）在 2008 年取得了令人印象深刻的 17.9% 的市值增长。只用了很小的资金杠杆就收到如此回报。此外，它旗下的公用事业公司在 2008 年也实现了盈利，如伯克希尔能源公司，表现非常平稳。再如，巴菲特于 2009 年斥资 265 亿美元收购了伯灵顿北圣菲铁路公司，而该铁路公司为巴菲特带来了丰厚回报，仅仅 5 年即收回全部投资。

（二）保险资金投资的长期属性有助于对投资风险形成独特判断

标准的金融学或投资学教科书对投资风险的判断标准是依据资本资产定价模型（CAPM），该模型的基本假设是市场处于均衡状态下，因此所有投资者都持有充分分散化的组合，此时任何资产的风险都可以通过其与市场指数的相关关系的度量来量化，即该资产的贝塔指数。贝塔指数越大，则该资产的系统性风险越高；反之则越小。然而，标准的资本资产定价模型忽略的是，市场有可能并不处于均衡状态，甚至是处于极端的不均衡即危机状态，并且市场上的投资者的投资期限也不尽相同，有短线投资者，也有投资期限相对较长的机构投资者，即使同为市场中重要的机构投资者，保险资金仍然显著区别于证券投资基金，因为保险资金不需要像证券投资基金经理那样极度重视短期市场排名，因而可以更好地做到长线投资。

基于上述理由，巴菲特对投资产品的风险分类形成了独特见解。例如，他认为虽然现金的贝塔系数为零，其实却承担着巨大的通货膨胀风险，并且承担着没有获得可观收益的机会成本。而对于黄金等贵金属投资，巴菲特也认为虽然这些品种帮助投资者规避了通货膨胀风险，却并不能获得价值增长，其收益率完全取决于投资者的炒作程度，因而其风险也是巨大的。反而是股票资产，虽然其贝塔系数较高，但只要投资期限足够长并且有较好的经营业绩支撑，就总是能够在长期为投资者创造可观的收益。

（三）充分利用保险资金及相关衍生品投资形成的长期稳定浮存金

保险资金运用的重要特点是可以长期占用投保资金形成浮存金投资，具体到巴菲特，他长期运用浮存金的关键在于对承保利润的坚持，从而可以以极低的成本使用保险浮存金。承保纪律的严谨性保证了伯克希尔·哈撒韦公司处于经常盈利的状态，例如，要求在扣除未来损失和运营费用之后，保费的确定要确保能够实现承保利润；如果不能获得合理的保费就放弃这项业务。正是这种严格的原则，使得巴菲特的保险浮存金长期平均成本只有约 2.2%，甚至比同期美国国债发债成本还要低。而巴菲特在金融危机期间进行衍生品投资的原因之一也是为了获取可长期使用的浮存金，因为巴菲特的几乎所有的衍生品交易都使其在交易的同时获得了资金流入，这类似于收取保费，从而可以进行长期投资，而其衍生品隐含的资金担保或者承诺却远在未来并且也只在特定场景下如指数跌破某个数值时发生。

（四）充分利用保险公司对风险定价的敏感性获得“超额风险溢价”的投资

保险公司作为专门从事风险分散、转移和管理的金融机构，具有对风险识别和风险定价的敏感性。在危机时期，巴菲特管理的保险资金就充分运用了其对风险定价的敏感性。因此，投资者应当充分利用自身的风险管理能力，凭借对风险定价的熟悉，当风险高估时勇于出售债券保险类金融市场保险产品。正如巴菲特本人所说，21 世纪的前 10 年出现了三次历史上罕见的泡沫事件：第一是 21 世纪初的网络股泡沫；第二是美国房地产泡沫；第三是 2008 年金融危机时出现的风险泡沫。所谓风险泡沫，即风险定价远远超过其应该获得的均衡价格。在金融危机时期，由于整个市场的剧烈动荡以及投资者的普遍恐慌，市场中避险情绪上升，风险溢价升水，此时风险已经被市场显著高估。因此，巴菲特管理的保险资金才敢于在金融危机时期开展“逆周期”的投资。在对项目或企业进行评估时，衡量的多是个体风险。然而面临市场剧烈波动的系统性风险时，即使再优质的企业也难以独善其身，其风险评估将不可避免地受到影响。此时一些资产或许存在风险高估和定价不合理情况，因而巴菲特管理的保险资金可以借机买入价格被低估的股票等。同时，由于风险被高估、市场对避险工具需求上升等原因，看跌期权、债券保险等产品的价格或许被高估，巴菲特管理的保险资金才敢于选择合适的对手方，并卖出相关金融衍生产品。

第三章　险资纾困专项产品投资案例分析

本章概要

2018年中国股市大幅下跌造成较多上市公司因为大股东股权质押而面临质押爆仓的流动性危机。2018年10月，银保监会发布《关于保险资产管理公司设立专项产品有关事项的通知》，鼓励“发挥保险资金长期稳健投资优势，参与化解上市公司股票质押流动性风险，加大保险资金投资优质上市公司力度”。在此背景下，国寿资产设立保险行业首只专项产品“国寿资产—凤凰系列产品”，并先后投资多家上市公司股票。然而，该纾困产品在运行之初就存在是基于政策支持、专注于价值投资还是借机开展关联交易的巨大争议。本章的案例分析通过研究“国寿资产—凤凰系列产品”的具体投资选择及其市场影响，分析险资是否能够帮助解除质押股权爆仓的困境以及对质押股权公司经营及股价的影响，该案例的分析也有助于对纾困产品的运行机动和经济影响的识别和区分，可以为监管者与投资者提供参考。

一、股票质押业务现状

截至2018年10月25日，沪深两市涉及质押股数达6427.95亿股，估算市值达到4.42万亿元。A股124只个股的第一大股东直接质押了100%的持股，497只个股大股东质押超80%的持股，860只个股的大股东质押超过70%的持股，有1203只个股大股东质押超过50%的持股。其中，银行是股票质押业务的主要出资者，数万亿的股票质押存量随着2018年A股市场的持续下跌而频繁跌破平仓线，作为主要出资方的银行其资管资金的传统风险处置手段却因风险外溢性而面临失效（见图3-1和图3-2）。

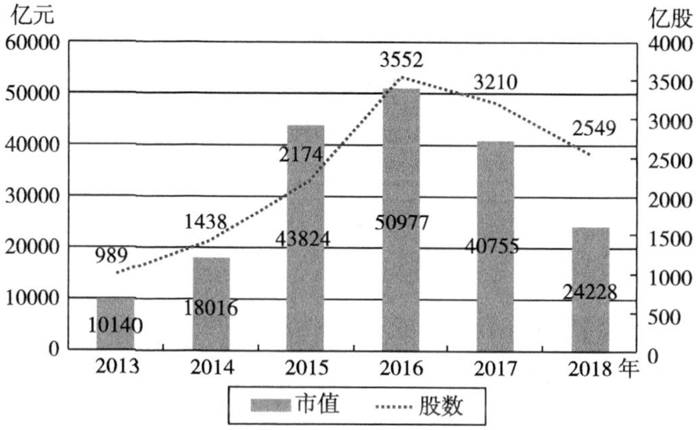

图3-1　2013—2019年股权质押市值及占比统计

资料来源：Wind数据库。

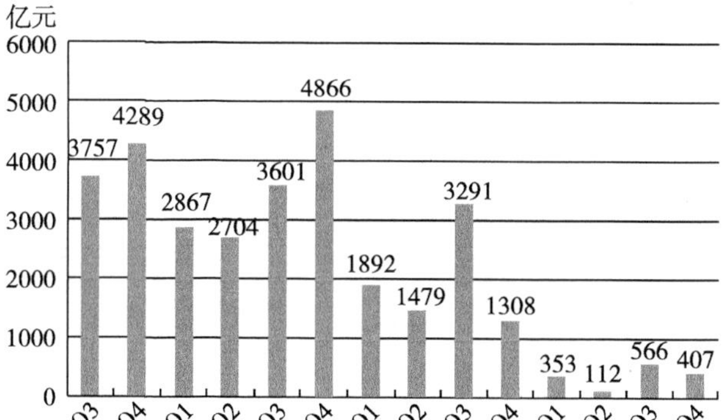

图3-2　股票质押到期规模统计

资料来源：Wind数据库。

2018年第四季度，2019年第一、第二季度是股权质押到期分布的高峰期。金融机构处置股票质押出险资产的传统常规手段主要有三种：二级市场平仓、司法诉讼、展期。

（一）二级市场平仓

当股价逼近平仓线时，金融机构会考虑用平仓的方式来止损。但是以往金融机构这一处置手段的前提是只针对质押量不大的“小”股东。因此碰到大规模爆仓的情况，强行平仓会让银行、券商等金融公司亏损严重。另外，由于市场维稳的需要，如果对大单大股东的质押平仓，金融机构需要跟多个监管部门及交易所进行报备，即使写出无数个报告进行解释，被允许操作平仓的概率也是微乎其微的。

（二）司法诉讼

当认定大股东已无法还款，并无法通过二级市场平仓保住本金和利息时，金融机构会通过司法诉讼解决问题。然而司法强制执行的程序复杂、耗时长、处理成本高，不到万不得已，质权人并不愿意行使该权利。

而且，一般面临司法处置的上市公司往往杠杆放得太高，通过打官司来解决股票质押问题时，都会牵涉出更多的金融机构、更多的债务问题。此时很有可能会通过交叉违约条款解决机构间的利益分配问题，一旦启用此条款，面对众多债权人的瓜分，大股东及其上市公司就很难被救活了，甚至资不抵债、赖账要赖也未可知。

另外，银行作为出资人，以往借道信托计划和券商的资管计划给上市公司做股票质押融资时，法律意义上的债权人并不是银行自己而是券商资管，因此需要券商资管出面提起诉讼，但在实际操作中，券商资管为避免因诉讼纠纷而被当地监管处罚，常常不予配合，使得银行错过首封时机，延长了司法处置的时间。

但由于以往股票质押业务开展较为激进的金融机构难免会给一些质地较差的上市公司放款，而这类公司几乎没有救助希望，又无法通过平仓处置，就只能走司法诉讼这条路。

不过，即便对于阶段性遇到流动性问题的上市公司，也不排除金融机构会有提起司法诉讼的动作，这主要是出于谈判目的——一是给大股东施压，使其筹措资金的动作更快；二是在提出其他救助方案时，大股东的配合度会更高。

（三）展　期

对于长期合作的战略客户及质地较好的上市公司，多数银行在无奈之下会采取展期策略。一是要求其通过补充质押物的方式将股质维持在预警线以上，对质押物的要求也更加灵活，从单一的股票质押调整为组合资产质押，如房产、汽车、古董、其他上市公司股票甚至未上市公司股权等。二是还一部分，展期一部分，同时展期部分提出更严格的条件，例如，要求抵押物更加足值；大幅提高融资利率；分期还款但中间并不解质押；设置严格条件下的罚没条款，后期若有违约，处置权和处置后的后端收益完全归属银行。三是展期方式更加灵活，一天补仓一次可调整为一天补仓几次。

展期或者新做股票质押业务时，要特别关注单票在全机构范围内的集中度和持仓情况，如各分支机构的不同产品对同一只股票的持仓情况。

2018 年 10 月，银保监会发布了《关于保险资产管理公司设立专项产品有关事项的通知》（以下简称《通知》），允许保险资产管理公司设立专项产品，发挥保险资金长期稳健投资优势，维护金融市场长期健康发展。《通知》的发布将为保险资金提供更多的机会，为实体经济提供更多长期资金和资本性资金。

《通知》发布后，截至 2019 年 1 月，国寿、人保、太平、阳光等 10 家保险资产管理公司先后设立了合计规模 1160 亿元的系列专项产品并完成登记手续。其中，国寿资产、人保资产、阳光资产和新华资产的纾困专项产品已顺利落地，5 单保险纾困专项产品完成投资约 22 亿元。从基础资产和交易结构的情况来看，保险纾困专项产品涵盖了权益类、混合类和固定收益类，如国寿资产两单买入的都是上市公司股权，而人保资产则是投资上市民企发行的公司债券，这标志着保险资金参与化解上市公司股票质押流动性风险进入实质性操作阶段。

二、国寿资产“凤凰系列产品”运行简介

（一）纾困基金介绍

1. 纾困资金设立背景

从市场背景来看，股权不稳、融资不畅，民营企业陷入经营困境。2018 年年初以来，A 股市场大幅下跌，上市公司市值缩水，股价承压。股票质押融资方承受着较大压力，可融资金额下滑。随着股票质押项目的陆续到期，风险项目陆续暴露。此外，受股票质押新规、资管新规等相关政策的影响，金融机构主动降杠杆，市场资金来源减少，进一步增加了股东的融资难度。随着上市公司大股东质押风险的爆发，企业股权不稳定，融资难度加大，企业经营决策难以进行长期规划，企业陷入经营困境。

从政策背景来看，2018 年 10 月下旬以来，监管政策利好频出，中央政府高度重视。国务院副总理刘鹤提出鼓励地方政府基金、私募股权基金帮助纾解股权质押困难；国务院常务会议指出，由央行提供资金，为暂时遇到困难的民企提供支持；2018 年 11 月 1 日，习近平总书记在民营企业座谈会上提到，对于有股权质押平仓风险的民营企业，有关方面和地方要抓紧研究采取特殊措施，帮助企业渡过难关，避免发生企业所有权转移等问题。

监管合力推出“政策组合拳”：①央行：加大民企信贷投放力度；推动设立民企债券融资支持工具。②银保监会：允许保险资金设立专项产品参与化解上市公司股票质押流动性风险，不纳入权益投资比例监管。③证券业协会：推动设立证券行业支持民营企业发展集合资产管理计划，支持证券公司分别设立若干子资管计划，吸引银行、保险、国有企业和政府平台等资金投资，形成 1000 亿元总规模的资管计划。④交易所：积极研究推出创新型基金等金融工具，帮助困境上市公司纾解股票质押风险。

此外，公募基金即将加入纾困队伍。公募基金也收到监管部门下发的《关于支持辖区证券基金经营机构积极参与化解上市公司股票质押风险、

支持民营企业发展的通知》。公募基金管理机构充分发挥专业优势，以自有资金或多渠道募集社会资金，通过成立资产管理计划等形式，参与化解民营上市公司流动性风险，有助于支持具有发展前景的民营企业长期、健康、稳定发展。

中国基金业协会推出备案及重大事项变更“绿色通道”。2018 年 10 月 21 日，中国基金业协会发布《关于对参与上市公司并购重组纾解股权质押问题的私募基金提供备案“绿色通道”相关安排的通知》，其中提出为支持私募基金管理人和证券期货经营机构（含证券公司私募基金子公司）募集设立的私募基金和资产管理计划参与市场化、法治化并购重组，纾解当前上市公司股权质押问题，协会将对符合条件的私募基金和资产管理计划特别提供产品备案及重大事项变更的“绿色通道”服务。

2. 纾困基金的设立

纾困基金是指帮助民营上市公司及其大股东化解流动性风险和股票质押风险而设立的专项投资载体，具体而言，主要包括以资产管理产品形式设立的纾困基金、以私募基金形式设立的纾困基金。其中，前者包括证券公司资产管理计划、保险资产管理公司专项产品。

（1）以资产管理产品形式设立的纾困基金。以资产管理产品形式设立的纾困基金主要包括：证券公司资产管理计划、保险资产管理公司专项产品。

第一，证券公司资产管理计划。

2018 年 10 月 22 日，中国证券业协会组织部分证券公司共商市场化方式以化解股权质押风险，推动设立证券行业支持民营企业发展集合资产管理计划；首次由 11 家证券公司达成意向出资 210 亿元设立母资管计划，作为引导资金支持各家证券公司分别设立若干子资管计划，吸引银行、保险、国有企业和政府平台等资金投资，形成 1000 亿元总规模的资管计划，专项用于帮助有发展前景的上市公司纾解股权质押困难。

2018 年 10 月 31 日，协会组织召开“证券行业支持民营企业发展系列资产管理计划”发起人会议，11 家券商作为联合发起人就 255 亿元出资规模签署了发起人协议，发起人协议明确约定了各发起人自愿按照不低于前期意向的首次出资金额，在不晚于2018年11月30日以自有资金投入系列资管计划。

第二，保险资管纾困专项产品。

2018年10月29日，险资首只纾困专项产品“国寿资产—凤凰系列专项产品”设立；11月5日至11月9日，太平资产、阳光资产、人保资产、新华资产相继成立专项产品。目前，累计成立规模达780亿元。

（2）以私募基金形式设立的纾困基金

以私募基金形式设立的纾困基金主要包括两大类型：证券公司通过私募投资子公司设立的专项纾困基金、地方政府牵头设立的私募投资基金。

第一，证券公司通过私募投资子公司设立的专项纾困基金。目前已有部分券商发起，由银河证券牵头，联合央企、地方国企、金融投资机构、大型民营企业集团等共同发起设立银河发展基金（母基金）。银河发展基金总规模计划达600亿元，分若干期募集，首期规模计划200亿元。

其投向主要为：一是符合证券行业母计划要求的民营上市公司。二是符合银河证券自身发展战略的投资标的银河证券现有及潜在的战略客户的投融资、并购重组等资本运作。三是具备参与上市公司并购重组等资本运作条件的特定行业，其中包括：科技创新能力突出并掌握核心技术、市场认可度高的战略性新兴产业；具备转型升级前景的传统支柱产业；关系国计民生的水力、电力、能源等基础性产业。四是与银河证券形成战略合作关系的区域投资，包括国家级、省级经济技术开发区的上市公司和拟上市公司。五是具备后续资本运作条件的区域股权市场挂牌企业。

第二，地方政府牵头设立的私募投资基金。宁夏、江西、江苏、海南、深圳、北京、上海、广东、浙江、福建、安徽、山东、河南、四川等17个省份的地方政府和国资委均已出台相关驰援政策，成立或拟成立纾困专项基金的规模合计约2560亿元。

3. 纾困基金运作模式

目前，纾困基金运作模式主要包括两大类：债权型投资、股权型投资。其中，债权型投资主要是以“转质押”方式提供股票质押融资支持。

在这一过程中，上市公司大股东的流动性问题短期内得到缓解，可概括为“借新还旧”模式。此模式对上市公司要求较高，主要适合于因股东质押比例较高、股价下跌等原因股东短期出现资金缺口的情形。

债权型投资可以解决燃眉之急，股权型投资是解决民营企业债务问题的最终途径。目前，股权型投资主要包括协议受让上市公司股份、认购上市公司非公开发行股份、重组控股股东等模式。股权型投资主要适合于有意愿出让较多股权，或股东有减持意愿、具备长期投资价值的上市公司。

（二）国寿资产—凤凰系列产品启动

1. 募集规模和潜在认购方

2018 年 10 月 29 日，国寿资产设立保险行业首只纾困专项产品，即“国寿资产—凤凰系列产品”，目标总规模 200 亿元。潜在认购方主要包括保险资金、社保基金及金融机构资产管理产品。经过前期与潜在认购方的沟通，目前部分认购方表达了较强的认购意愿，本系列产品将采取“分期发行”的方式，成熟一期，发行一期。

2. 投资方向

国寿资产将按照市场化原则，发挥专业化投资能力，向有前景、有市场、有技术优势，但受到资本市场波动或股权质押的影响暂时出现流动性困难的优质上市公司和其股东提供融资支持。

在参与方式上，《通知》规定，专项产品可投以下四类标的：上市公司股票；上市公司及其股东公开发行的债券；上市公司股东非公开发行的可交换债券；经银保监会认可的其他资产。《通知》放开了保险资金投资上市公司股东发行的私募可交换债投资品种，有利于灵活、高效地化解上市公司股票质押流动性风险。

具体到投资标的的选择上，国寿资产将发挥专业化投资能力，对专项产品进行积极主动管理，优先筛选由于股权质押产生一定流动性风险但基本面较好的优质上市公司，根据标的公司自身情况，一事一议，共同探讨最有效、合理的投资方案。

3. 产品的运营管理

（1）存续期

凤凰系列产品的各期产品将根据出资方和标的灵活设置产品要素和结构。首支专项产品的存续期拟定为3年封闭期后开放的结构，整体期限在5年左右。这一设计综合考虑了投资标的面临的股票质押风险及流动性压力、公司中长期经营前景以及投资价值的实现。具体而言，希望通过专项产品为企业提供充足的纾困时间，同时，结合国寿资产一直以来所秉承的价值投资理念，为投资人带来长期稳健的回报，起到资本市场"稳定器"和"压舱石"的作用，以战略投资视角与优质企业共成长，实现经济效益与社会效益的双赢。

（2）估值方式

随着资管新规等一系列新规细则的出台，以公允价值估值已成为未来资产管理行业的大趋势。因此，此次专项产品也充分考虑了这一情况，将以市值法估值为主。如后续发行封闭式产品，则根据资管新规可对债券类资产采取摊余成本法估值，以使产品估值更加稳定。

（3）风控措施

专项产品投资方式不同于传统的债务融资或质押放款业务，主要通过严格筛选优质标的和设计风险共担的投资方案来防控风险，以保证出资方的资金安全；不会在市场波动预警、平仓等环节设置过于严苛的条件，坚决防范"处置风险的风险"。

4. 产品退出方式

《通知》规定，专项产品主要采取股东受让、上市公司回购、大宗交易与协议转让及其他方式平稳退出。设置上述退出方式的共同出发点是尽量避免对二级市场股价的冲击。专项产品通过"封闭期""存续期"的设置，可以在一定程度上防止"短炒"、大进大出等现象的发生，发挥长期价值机构投资者的作用，支持上市公司改善公司治理、提升上市公司价值、维护上市公司长期稳健经营。

5. 首单落地——国寿资产举牌通威股份

2018 年 11 月 30 日，“国寿资产—凤凰系列产品”首单项目落地，国寿资产通过上海证券交易所大宗交易形式，增持上市公司通威股份公开发行的非限售流通股 7397.63 万股，约占上市公司总股本的 1.9054%。国寿资产方面介绍，公司入股成为战略性股东，体现了其对通威股份在能源转型中扮演重要角色的坚定信心。

中国人寿保险集团公司公司发行并管理“中国人寿资管—工商银行—国寿资产—凤凰系列专项产品（第 2 期）”账户（以下简称“国寿资产—凤凰系列专项产品”账户，股东代码：B882327318），通过上海证券交易所以大宗交易形式买入通威股份公开发行的非限售流通股股份。本次交易时，公司发行并管理的“中国人寿资管—工商银行—国寿资产—沪深 300 指数型资产管理产品”（以下简称“国寿资产—沪深 300”账户，股东代码：B880278733）、公司受托管理的“中国人寿保险股份有限公司—分红—个人分红—005L—FH002 沪”账户（以下简称“中国人寿—股份分红”账户，股东代码：B881023754）同时持有通威股份的股票，因上述账户受到国寿资产的实际控制，根据《上市公司收购管理办法》第八十三条之规定，上述账户构成一致行动。

截至 2018 年 11 月 29 日，“国寿资产——凤凰系列专项产品”账户持有通威股份的账面余额为 0 元，该账户本次购买通威股份的金额为 571413244 元，二者合计为 571413244 元。公司发行并管理的“国寿资产—凤凰系列专项产品”账户通过上海证券交易所大宗交易形式，以现金形式购买通威股份公开发行的非限售流通股份 7397.63 万股。资金来源于“国寿资产—凤凰系列专项产品”向合格投资者所募集的资金。管理方式为股权投资管理。

6. 国寿资产举牌万达信息

2018 年 12 月 27 日，国寿资产—凤凰专项产品通过协议转让的方式斥资 6.325 亿元购买万达信息 5500 万股（约占上市公司总股本的 5%）。中国人寿成为万达信息的第三大股东。

“国寿资产—凤凰系列专项产品”账户本次通过协议转让方式受让万达信息股份5500万股，金额为6.325亿元，二者合计为6.325亿元。采取现金交易方式，资金来源于“国寿资产—凤凰系列专项产品”向合格投资者所募集的资金。管理方式为股权投资管理。

第一，人寿集团通过证券交易所的证券交易系统累计增持万达信息股票5.36万股，占公司总股本0.0049%，成交均价12.10元/股。

第二，中国人寿通过证券交易所的证券交易系统累计增持万达信息股票54680575股，占公司总股本4.9851%，成交均价15.81元/股。截至本次增持，中国人寿及其一致行动人合计持有公司股份98817487股，占公司总股本的9.0089%（若不考虑剔除上市公司回购专用账户中的股份数量，则该比例为8.9879%）（见表3-1）。

表3-1 人寿资金对万达信息股票增持统计

增持日期	成交均价（元/股）	增持金额/元	增持股数/股	增持比例/%	增持方式
2019年3月	14.79	87103785.46	5877708	0.54	集中竞价
2019年4月	16.50	441462847.12	26813967	2.44	集中竞价
2019年4月3日	15.28	335990392.00	21988900	2.00	大宗交易
合计	15.81	864557024.58	54680575	4.9851	—

资料来源：万达信息公司公告。

第三，2019年8月6日，中国人寿通过二级市场增持的方式增持上市公司238300股股份（增持均价为8.5591元/股）。在本次权益变动完成后，中国人寿与其一致行动人合计持有上市公司109972475股股份，占上市公司股比的10.0259%（若不考虑剔除上市公司回购专用账户中的股份数量，则该比例为10.0025%），本次权益变动后上市公司的实际控制人不发生变更。

第四，中国人寿以其委托国寿资产管理的“中国人寿保险股份有限公司—传统—普通保险产品—005L—CT001深”账户于2019年8月28日、2019年8月29日、2019年8月30日，通过深圳证券交易所以集中竞价方式分别增持公司股份9999982股、6153739股、13490283股，前述增加持股数分别占公司总股本的 0.9117%、0.5610%、1.2299%（见表 3－2）。截至本次增持，中国人寿及其一致行动人合计持有公司股份 139616479 股，占公司总股本的 12.7284%（见表 3－3）。

表 3－2　人寿资金对万达信息股票进一步增持统计

序号	增持日期	成交均价/元	增持金额/元	增持股数/股	增持比例	增持方式
1	2019 年 8 月 28 日	11.4778	114777709.86	9999982	0.9117	集中竞价
2	2019 年 8 月 29 日	11.7791	72405264.96	6153739	0.5610	集中竞价
3	2019 年 8 月 30 日	12.3049	165996220.19	13490283	1.2299	集中竞价
小计			363259196.01	29644004	2.7026	—

资料来源：万达信息公司公告。

表 3－3　增持前后持股数据统计

股东名称	本次增持前			本次增持后		
	持股数量/股	增持比例	股份种类	持股数量/股	增持比例	股份种类
中国人寿	54918875	5.0068	A 股	84562879	7.7094	A 股
国寿资产—凤凰专项产品	55000000	5.0142	A 股	55000000	5.0142	A 股
国寿集团	53600	0.0049	A 股	53600	0.0049	A 股
合计	109972475	10.0259	A 股	139616479	12.7284	A 股

资料来源：万达信息公司公告。

三、险资持股公司有显著的市场反应吗

（一）事件说明

2018 年 10 月 25 日，银保监会发布《关于保险资产管理公司设立专项产品有关事项的通知》（下简称《通知》），允许保险资产管理公司设立专项产品，发挥保险资金长期稳健投资优势，参与化解上市公司股票质押流动性风险，为优质上市公司和民营企业提供长期融资支持，维护金融市场长期健康发展。

（二）数据和变量说明

根据2018年第三季度A股上市公司财报所披露数据，选取了433家被险资持股的公司作为主要研究样本，并利用在事件窗口内有交易数据的3113家非险资持股公司的数据进行了对比。数据来源于Wind数据库。

解释变量有3个，*xz*表示险资持股占流通股的比重，*gqzy*表示上市公司质押股份比重，*gy*表示上市公司是否为国有企业（1表示国有，0表示非国有），解释变量均选取2018年第一季度的数据。

被解释变量为累计超额收益，在计算超额收益时用某公司的收益率减去市场组合收益率，市场组合收益率是用上证综指和深证综指的算术平均数表示的，累计超额收益是对事件窗口内的超额收益进行加总计算而来的。本章用CAR1、CAR3分别表示［-1，1］、［-3，3］两个事件窗口的累计超额收益。

（三）均值差异检验

本部分计算出433家险资持股公司与3113家非险资持股公司的CAR值，对两组数进行均值差异检验。从CAR3的结果来看，险资持股公司在《通知》发布后的市场反应相对较低，发布前后3日的累计超额收益率比非险资持股公司低约1.12%（见表3-4）。

表3-4　均值差异检验

变量	非险资持股公司		险资持股公司		
	样本数	均值	样本数	均值	均值差异
CAR1	3113	0.360	433	0.437	-0.077
CAR3	3113	2.798	433	1.674	1.124***

注：*** $p<0.01$，** $p<0.05$，* $p<0.1$。

（四）回归分析

本部分用433家险资持股公司的数据，将累计超额收益对险资持股比重、质押股份比重和是否为国有企业三个变量进行回归，根据回归（1）的结果，在［-1，1］的事件窗口内，险资持股比例较大的国有上市公司在《通知》发布后引起的市场反应较高，会带来更大的超额收益；国有控股的上市公司反应显著更高，质押比率则对市场反应没有显著影响（见表3－5）。

表3－5　回归结果

VARIABLES	(1)	(2)
	CAR1	CAR3
xz	0.0618**	0.0504
	(1.984)	(1.250)
gqzy	0.00670	−0.00599
	(0.544)	(−0.291)
gy	0.999***	0.0671
	(2.598)	(0.0999)
Constant	−0.277	1.544***
	(−0.877)	(2.685)
Observations	433	433
R－squared	0.028	0.003
R^2_ a	0.0215	−0.00348
F	3.274	0.588

注：括号内数字为t值；*** p<0.01，** p<0.05，* p<0.1。

事件研究的初步结果表明，金融市场对险资持股比率较高的公司存在更加正向的市场反应，也就是说，对于纾困基金有可能存在险资持股关联交易的动机存在有限支持，然而对于纾困基金开展政策支持的假说则基本没有支持。

第四章　险资持股能够降低公司违规率吗

本章概要

尽管机构投资者的公司治理效应在理论模型中广受重视，但在实证研究中，机构投资者监督多数属于“幕后行动”，因而缺乏实证证据。本章充分利用保险投资在上市公司中的投资比重差异以及险种分类差异，提供了我国险资持股降低公司违规的治理效应以及具体作用机制的实证证据。首先，险资持股能够有效发挥公司治理作用，并且险资持股比例越高，则降低上市公司违规次数的效果越明显。这一治理作用的发挥更多来自持股比例高的第一大险资和传统险、分红险资金的监督效应。第二，险资持股降低公司违规的主要机制是通过保险机构实地调研上市公司的渠道实现，并且险资持股的治理效应更多地表现在控股股东持股比例较低和分析师跟踪较少的上市公司，表明险资持股是对内部治理机制中控股股东和外部治理机制中分析师跟踪的有效替代。

一、研究问题的提出

尽管公司治理的理论模型（Shleifer and Vishny，1986）都强调机构投资者具备监督职能，但机构投资者对公司管理层的监督多数属于“幕后行动”，因而缺乏相关实证证据（McCahery et al.，2016）。新闻媒体和监管机构往往也对机构投资者是提升公司治理还是参与掠夺表现出摇摆态度，以保险资金为例，从最初广受市场批评，到如今险资持股成为市场新的风向标，险资持股路线图受到投资者追捧，市场对险资的态度发生了极大的转变。因此，险资作为重要的机构投资者，作为资本市场重要的参与者和上市公司治理的重要组成部分，是否真正具备积极的公司监督效应，迫切需要开展实证研究以提供可靠的研究证据。

然而，公司违规行为，被视为公司治理的严重失效，往往体现了大股东或者管理层对中小股东以及其他利益相关者的严重利益侵夺。截至2019年8月，深交所共做出纪律处分决定书62份，接近2018年同期37份的两倍。公司违规的动机通常来自管理层或者大股东，他们为了募集到更多的外部资金（Bar - Gill and Bebchuk，2002），粉饰财务报表，造成公司增长的假象以获取额外收益（Goldman and Slezak，2006）。公司内外部治理机制薄弱往往为公司发生违规行为提供了机会，使得违规行为有可乘之机又难以被稽查。如何减少公司违规行为的发生，相关研究多从公司内外部治理因素出发探讨减少公司违规行为的机会和提高公司违规被稽查的可能性的机制。以往的研究涉及了董事会特征（蔡志岳、吴世农，2007）、管理层特征（陆瑶、胡江燕，2016）、独立董事特征（逯东等，2017）、机构投资者（陆瑶等，2012）、分析师跟踪（郑建明等，2015）、媒体监督（Miller，2006）等方面。然而基于我国资本市场中保险资金的独特因素，尚未有相关文献从险资视角出发开展对上市公司违规行为影响的研究。

由于存在信息不对称问题，管理层或大股东往往出于自利动机，并利用自身信息优势进行违规操作而牟取收益。有效地促进信息的传递效率，能够提高违规稽查率、降低违规倾向，如卖空机制（Karpoff and Lou，2010）加快了负面消息的扩散速度。实地调研作为机构投资者的信息获取过程，能够有效降低公司内部与外部之间的信息不对称程度。而保险机构是调研的重要发起者和参与者，可以通过调研活动积极参与上市公司治理。据统计，2005—2017年，保险机构共发起和参与调研2448次，涉及上市公司1818家，主要涉及高新技术、医疗卫生、汽车和机械设备制造以及房地产等行业。从保险机构调研内容来看，主要涉及公司业务与经营状况、投资与融资、盈余以及合规等重点问题。因此，本章研究发现，保险机构调研在险资持股影响公司违规的过程中具有中介效应。此外，根据已有内外部治理因素的相关研究，本章还发现险资持股与大股东治理和分析师跟踪具有替代关系。

本章以2005—2017年我国A股上市公司为样本，针对险资持股对上市公司违规行为的影响展开相关研究。本章的研究结果发现：①险资持股发挥了积极的公司治理作用，显著降低了上市公司违规次数。险资持股对上市公司违规行为的治理作用主要表现在，是否险资持股、险资总体持股比例和第一大险资持股比例均与公司违规次数呈显著负相关关系，但是发挥作用最主要的是第一大险资持股比例。分险种类型来看，来自传统险和分红险的保险资金发挥的监督和规避上市公司违规行为的作用更为有效。②对险资持股治理作用开展的机制研究表明，保险机构实地调研上市公司是险资监督和降低公司违规行为的主要路径。③险资持股的治理作用在公司内部第一大股东持股比例较低时和外部分析师跟踪较少时相对发挥得更大，表明险资持股的治理作用能够部分替代内部公司治理机制中的大股东监督和外部公司治理机制中的分析师跟踪。④在利用倾向得分匹配法解决内生性问题和利用仅违规公司样本进行稳健性检验后，上述结论依然成立。

本章的研究贡献主要表现在：第一，相较于以往实证文献较多侧重于提供机构投资者影响公司治理的间接证据（以机构投资者持股规模解释公司治理绩效的研究）（Gillan and Starks, 2003），本章提供了相对而言更为直接的险资投资为降低公司违规次数而发挥的积极公司治理效应的实证证据，尤其是基于险资机构通过开展调研的方式对上市公司发挥治理作用的机制分析进一步增强了研究结论的说服力。第二，已有文献发现机构投资者既有可能因为具有信息优势或者选择“用脚投票”而成为短期投资者，从而不能在公司治理中发挥积极作用（Yan and Zhang, 2009），更有可能通过主动干预发挥积极的公司治理作用（McCahery et al.，2016），然而该方向实证研究的主要困难在于，难以有效区分长期机构投资者和短期机构投资者，事实上，这两类机构投资者之间的界限非常模糊，并且会根据市场条件的不同如流动性变化而随时发生相互转化。本章的研究充分利用了我国保险资金投资的相关信息披露，对险资投资的长短期特征进行了有效划分，投资持股比重较高的险资相对于投资持股比重较低的险资，以及分险种类型的传统险和分红险相对于其他险种而言，都更多地表现出长期机构投资者的特征，因而发挥更加积极、主动的治理效应。第三，本章为上市公司违规行为治理因素的研究提供了险资持股的新视角，在一定程度上丰富了公司违规的研究内容，为规范上市公司行为、减少上市公司违规提供了新的手段和途径。同时，基于险资治理行为对上市公司和其他利益相关者影响的视角，本章的研究也有助于更加全面地认识险资持股的微观市场效应，从而有助于金融市场和监管层全面解读险资持股传递出的市场信号。

本章的余文安排如下：第二部分为文献综述与研究假设，在对已有研究进行梳理的基础上，提出险资持股对公司违规行为的影响和机制的假设；第三部分为研究设计，通过设计相应指标和模型，给出相应假设的研究方法；第四部分为实证结果与解释，实证分析险资持股对上市公司违规行为的影响与机制，并进行相关检验；第五部分为研究结论和启示。

二、险资投资影响公司违规的理论研究与相关假设

（一）公司违规

根据 Correia（2009）提出的“违规成本与收益分析”模型，公司违规行为的动机来自公司管理层对违规收益和违规成本之间的权衡。相关违规收益的研究发现，大股东以及管理层利用公司违规行为募集到更多的外部资金（Bar－Gill and Bebchuk, 2002），或通过粉饰财务报表而产生公司增长的假象（Goldman and Slezak, 2006；Dechow et al.，2011），不仅可以帮助管理层免于因公司业绩下降而造成的薪酬损失，而且为管理层带来了额外的收益。但违规行为也需要付出相应的成本，其中包括管理层为创造违规机会付出的沟通协调成本以及违规行为被查出后的处罚成本。

基于违规的成本与收益分析，大量研究围绕公司违规的治理机制进行讨论。在公司内部治理机制中，第一大股东集中持股（陈国进等，2005）、独立董事及其声誉（Beasley，1996；Fich and Shivdasani，2007；逯东等，2017）能够约束违规行为，但董事会规模（蔡志岳、吴世农，2007）、CEO与董事间的裙带关系（陆瑶、胡江燕，2016）及其对董事会的影响力（陆瑶、李茶，2016）却与违规行为正相关。在公司外部治理机制中，机构投资者（陆瑶等，2012）、分析师（郑建明等，2015）、审计师（Deli and Gillan，2000）通过自身的专业能力，能够发挥监督职能并减少公司违规行为。此外，媒体通过提高上市公司违规行为被稽查的概率，对上市公司起到了有效的监督作用（Miller，2006）。上述关于公司内部或外部治理机制对公司违规行为的影响都是建立在公司独立决策的基础之上，但公司决策还有可能受到来自地区环境因素的影响，如同地区上市公司违规行为的“同群效应”（陆蓉、常维，2018）。

（二）机构投资者参与公司治理

有关机构投资者参与公司治理的研究一般有“用脚投票”和“积极监督”两种观点。尽管“用脚投票”的方式可以降低机构投资者为监督上市公司而付出的信息搜寻成本、潜在流动性成本，并在一定程度上解决了“搭便车”问题（Admati and Pfleiderer，2009），但在实践中，“用脚投票”往往并不一定能对管理层构成足够的威胁或激励使其改善公司治理（McCahery et al.，2016）。但是“用脚投票”是一种低效率的治理方式，李维安和李滨（2008）提出，存在多种原因导致机构投资者放弃“用脚投票”而开始介入公司治理，例如，由于资金规模大而缺乏合适的买主；抛售股票后缺乏合适的投资机会；股价下跌并不能改变公司经营状况；避免抛售导致资产组合中其他股票价格下跌；等等。与此同时，“积极监督”能够改善盈余质量（李青原、时梦雪，2018）、提升信息披露质量（谭劲松、林雨晨，2016）、提高会计稳健性（李争光等，2015）、减少违规行为（陆瑶等，2012）、减少公司过度投资（McConnell and Wahal，2004）、监督管理层薪酬的制定（Hartzell and Starks, 2003）等，最终会促进公司价值的上升进而为机构投资者获取了显著的投资收益。

有关机构投资者监督效率的研究普遍认为，由于机构投资者的专业能力及规模效应，机构投资者的监督成本较低，能够有效地改善公司治理水平、提升公司价值。第一，机构投资者能够改善股权结构（王奇波、樊华，2005），有利于形成相互制衡的股权结构，平衡大股东与中小股东的利益；第二，机构投资者能抑制控股股东的掏空行为（王琨、肖星，2005；高雷等，2006）；第三，机构投资者能促进独立董事制度的建设（吴晓晖、姜彦福，2006）。但也有研究发现，机构投资者可能与原有股东或管理层存在利益冲突。当机构投资者与上市公司存在业务关联，或者与大股东或高管形成战略同盟时，机构投资者的“积极监督”作用就会受到明显的抑制（Zanglein, 1992；Webb et al., 2010）。机构投资者由于本质上的流动性与行为短期性，其积极参与公司治理可能会导致管理层目标短期化，损害公司的长期价值。

Ryan 和 Schneider（2002）对机构投资者按照“积极”程度的不同进行了划分，依次从公共退休金到私人退休金和共同基金，再到保险公司和银行，“积极”程度逐步下降。然而，近年来，我国保险资金在资本市场上的运作备受关注，其参与公司治理的行为也越来越积极。理论上，险资持股的公司治理作用和机制发生了哪些改变非常值得笔者研究。因此，本章关注险资持股对公司违规行为的影响，并分析险资持股对公司治理的作用和机制。

（三）研究假设

1. 险资持股对上市公司违规的影响

保险资金的特点决定了其投资标的以及参与公司治理的方式。第一，保险资金尤其是寿险资金出于资产负债管理需求，其投资期限比基金等其他机构投资者更长，且更追求收益的稳定性，因而可以更专注于被投资公司的治理机制改善以及加强监管（伊志宏、李艳丽，2013）。第二，由于股票市场的波动性较大，而保险资金规模较大，保险机构为追求稳健的投资收益会谨慎选择投资目标，且随着持股比例增加其监督动机不断增强（Shleifer and Vishny，1986）。第三，针对保险资金运用出台的一系列监管文件，如《中国第二代偿付能力监管制度体系建设规划》（简称“偿二代”）对保险公司的偿付能力提出了严格的要求。因此，险资机构在股票市场上的运作也更加看重上市公司持续稳定的收益能力，也成为保险资金积极参与公司治理的动力来源之一。

保险机构参与公司治理，可以降低公司违规行为的动机并提高公司违规行为被稽查的可能性，从而约束上市公司的违规行为。其治理作用体现在以下三个方面：第一，险资持股提高了被投资公司的信息披露水平，限制了管理层实施违规行为的空间，从而降低了公司违规的动机。出于谨慎原则，保险机构通过充分的调研和专业分析来确定投资对象，不仅对公开信息进行分析，而且进一步挖掘被投资公司的信息，可以提高被投资公司的信息披露程度，改善其公司治理水平。第二，险资持股具有一定的信号作用，会向市场传递出其投资对象盈利稳定和可持续增长的信号，且信号强度与持股比例呈正比。这就能够引发其他投资者、媒体和监管部门等对被投资者公司的关注度，提高其违规行为被稽查的可能性。在实践中，险资机构凭借其规模在股票市场上的运作往往会带来市场明显的波动，从而会吸引市场参与者的广泛关注。第三，随着险资机构持股比例的上升，其对被投资公司可采取的治理手段不断增加，力度也不断提高。进而在险资机构发现公司潜在的违规行为时，可采取向管理层施压、提交股东提案要求内部自查，甚至重新选举董事会和任命管理层等积极的监督手段，以避免公司股价大幅下降而造成投资损失。因此，本章提出研究假设1：

假设1：险资持股可以降低公司违规次数，且险资持股比例越高，公司违规次数越少。

尽管险资整体规模较大，但是不同险资的规模和能力也有差异。通常而言，大型险资机构在资金规模、人才资源和专业经验等方面更有优势，可以作出更好的投资和管理策略并加以复制。那么，一些大型险资机构往往持有更高的股权比例，能够对被投资上市公司施加更大的影响，发挥更有效的积极监督作用。原中国保险监督管理委员（简称保监会，后合并为银保监会）发布了一系列《保险公司资金运用信息披露准则》以及相关文件，要求保险公司披露关联交易、风险责任人、举牌上市公司、大额未上市股权和大额不动产投资等信息。这些监管文件使得保险公司投资的透明度增强，促使大规模保险资金的运用越来越公开化，特别是在股票市场的集中持股，会引起市场的广泛关注。那么，保险公司会意识到自有资金规模对资产价格的影响，持有某一家或多家上市公司较多的股票，这就要避免短期频繁交易造成市场的剧烈波动进而对其股票资产价值的影响，同时还要维护自身的声誉。监督动机随着持股比例的增加而不断增强，因此持股比例较高的险资机构有意愿且有能力在公司治理中发挥积极作用，从而减弱“搭便车”问题。尽管大型险资机构的大量持股行为有可能会吸引小型险资机构的跟投，但是这些小型险资机构由于自身持股比例较低，难以在公司治理中发挥作用以维护自身利益，因而更可能“用脚投票”。随着险资机构持股数量的增多，险资机构持股行为向市场释放的被投资公司的信息和信号也不断增多，也能够进一步提高被投资公司的信息透明度和关注度，可能更有效地约束了被投资企业可能出现的违规行为，但起主要作用的险资机构可能还是持股比例较高的机构，其更有动机和能力。因此，本章将第一大险资机构视为长期投资者，其更追求收益的稳定性和长期性，而将第一大以外的险资机构则视为较短期投资者，并提出研究假设 2：

假设 2：第一大险资机构持股比例越高，公司违规次数越少。

本章根据原保监会 2004 年发布并实施的《保险机构投资者股票投资管理暂行办法》的相关规定，将保险资金可分为五类，分别为传统保险产品资金（简称传统险）、分红保险产品资金（简称分红险）、万能保险产品资金（简称万能险）、投资连结保险产品资金（简称投连险）和原中国保监会规定需要独立核算的保险产品资金。保险资金的来源不同，决定了其投资风格和风险承受有所不同，进而导致其在参与公司治理的积极性存在差异。具体而言，传统险是指仅具有保障功能和储蓄功能的人寿保险，投保人购买的主要是保障，投保人属于消费者，不承担投资风险，但是保险公司需要承担保险保障风险、费用风险和投资风险，因此更多地追求投资收益的稳定性和长期性。而非传统保险或理财型保险，如分红险、万能险、投连险等，则除具备保障和储蓄功能外，还具有一定的投资性，因而投保人在一定意义上也是投资者，所要求的收益及风险偏好也各有不同。其中，分红险本质上较为接近传统险，但比传统险多了分红功能，即“保障+分红”。然而万能险和投连险除基本保障功能外，更偏向于投资功能，即“保障+投资”。投保人在享有超额投资收益的同时必须承担相应的投资风险，这两种保险对代理人或保险公司的投资理财能力要求高，且投连险的风险最高，万能险的风险则介于分红险和投连险之间。由于传统险和分红险更注重保障功能，也就决定了其对收益稳定性和长期性的要求，更倾向于对被投资公司保持较为长期的监督管理；而万能险和投资险相关产品的销售更多取决于保险公司的投资收益率，激烈的竞争会导致代理人更多地采取相对较短期限的投资策略，更倾向于通过“用脚投票”来保持流动性，以获取短期收益。因此，本章将传统险和分红险资金视为较长期的投资者，而将万能险和投连险资金则视为相对短期的投资者，并提出研究假设3：

假设3：传统险资金和分红险资金相对能够更加有效地减少公司违规行为。

2. 险资持股对公司违规的影响机制

保险机构调研是险资机构与上市公司进行深入沟通获取信息的最主要的途径之一。相关研究表明，投资者调研行为对上市公司信息披露产生了显著的影响。一方面，投资者调研行为的实时公开，减少了上市公司信息披露的时滞，加速了信息在资本市场上的流动。另一方面，投资者通过调研获取了信息优势，可以作出更好的投资决策，从而大大提高股价的信息含量。同样，作为机构投资者的险资，其对上市公司的调研行为也受到了市场的广泛关注。李学峰和李连文（2019）研究发现，保险机构调研行为提高了被调研企业的信息效率和股价的信息含量；并且保险机构的调研行为为自身获取了信息优势，提高了自身的择股能力。随着上市公司信息披露水平的提高，管理层信息优势减弱，其进行公司违规行为的动机也随之减少，公司违规行为随之减少。因此，本章提出研究假设4：

假设4：保险机构调研次数越多，公司违规次数越少。

险资持股的治理作用，也会受到来自公司内部或外部治理机制的影响。在内部治理机制中，一方面，由于控股股东可能存在掏空行为，而机构投资者能够改善股权结构（王奇波、樊华，2005），有利于形成相互制衡的股权结构。另一方面，持有较多股权的大股东本身构成了内部公司治理的有效机制，其能够较好地监督管理层（Becht et al.，2003）。随着控股权比例的下降，大股东监督管理层的激励也会随之下降，因而保险资金的监督作用能够更好地体现出来。在公司外部治理机制中，分析师既是会计信息使用者，又是会计信息的提供者，通常被视为管理层的外部监督者（Healy and Palepu，2001）。Lang等（2004）指出，分析师通过收集所关注公司的各方面信息，发表对公司生存能力和投资价值的看法，可以间接地监督公司管理层行为。特别地，Dyck等（2010）发现分析师是对公司欺诈行为最有效的外部揭露者。由此推测，在分析师跟踪较少的上市公司中，险资投资的监督作用更为重要，是外部治理的一种替代机制。据此，本章提出研究假设5：

假设5：险资持股对公司违规的治理作用更多地发挥在第一大股东持股比例较低和分析师跟踪较少的上市公司。

三、实证研究设计

（一）样本筛选与数据来源

本章以2005—2017年我国A股非金融类上市公司为样本。为了减少缺失值和异常值的影响，笔者剔除了数据缺失样本、被ST或*ST公司样本以及公司IPO当年数据，同时，对主要连续变量在1%分位上进行了双边缩尾（Winsorize）处理。所采用的上市公司财务数据、市场数据和机构持股数据主要来源于万得数据库（Wind）和国泰安数据库（CSMAR），上市公司违规事件和机构调研数据来自中国研究数据服务平台（CNRDS）。

（二）变量与模型

1. 被解释变量

关于违规数据，陆瑶等（2012）和孟庆斌等（2019）的相关研究均采用虚拟变量来度量上市公司当年是否违规。本章利用 CNRDS 中对上市公司违规事件情况进行分析，统计出每家上市公司每年的违规次数，并对违规行为次数加 1 后取自然对数，记为 *Violation*。

2. 解释变量

关于险资持股，本章采取了多种度量方式。首先，将虚拟变量（*Dummy*）作为解释变量，即是否被险资持股，是，则为 1；否，则为 0。第二，为考察险资持股比例对违规行为的影响，分别选取险资持股比例之和（*Ratio*）和第一大险资持股比例（*Largest*）以及二者之差的第一大以外险资持股比例之和（*Non-largest*）。

关于机制分析，一方面，投资者实地调研是上市公司投资者关系管理中能够与投资者进行有效沟通的重要途径之一，因此本章分析险资调研行为与公司违规的关系，统计出保险机构调研次数后进行对数化处理，记为 *Times*；另一方面，还对险资是否与内部或外部治理方式共同影响违规行为进行分析，本章主要考虑了分析师跟踪（*Analyst*）的外部治理作用的影响。

3. 其他控制变量

本章选取了公司业绩（ROA）、除险资外其他机构投资者持股比例之和（*OtherIO*）、公司的股权结构包括第一大股东持股比例（*Top*1）和第二到第十大股东持股比例之和（*Top2to*10）、股权制衡度（*Balance*）、董事会规模（*Boardsize*）、独立董事占比（*Indep*）、公司规模（*Size*）、股权性质（*State*）、上市时间长短（*Age*）、负债水平（*Leverage*）、营业收入增速（SGR）、管理费用增速（MFGR）、换手率（*Turnover*）、股价波动水平（*Volatility*）等其他控制变量。同时，除控制了年度固定效应（*Year*）之外，本章与陆瑶等（2012）和孟庆斌等（2019）控制行业托宾Q中位数的方法不同，直接采用控制行业固定效应（*Industry*）或公司个体固定效应（*Firm*）的方法，来减少行业或公司层面不可观测因素的影响，以提高回归结果的稳健性（见表4－1）。

表4－1 主要变量定义及刻画一览

变量类型	变量名	定义
被解释变量	*Violation*	度量上市公司每年违规次数，等于Log（1＋违规次数）
解释变量	*Dummy*	是否被险资持股，是，为1；否，则为0
	Ratio	不同保险机构对同一家上市公司的持股比例之和
	Largest	第一大险资持股比例
	Non－largest	第一大以外险资持股比例之和
	Times	度量保险机构调研次数，等于Log（1＋调研次数）
	Analyst	度量跟踪分析上市公司的分析师人数，等于Log（1＋分析师人数）
控制变量	ROA	资产收益率＝净利润÷总资产
	OtherIO	除险资外其他机构投资者持股比例之和
	*Top*1	第一大股东持股比例，反映控股股东控制权大小
	*Top*2*to*10	第二到十大股东持股比例之和，反映公司股权分散程度
	Balance	股权制衡度，第二到十大股东持股之和占前十大股东持股之和的比重
	Boardsize	董事会规模的自然对数
	Indep	独立董事比例
	Size	总资产自然对数，反映公司规模
	State	控股股东是否为国有性质，是，则为1；否，则为0
	Age	上市持续年度长短的自然对数
	Leverage	资产负债率＝负债总额÷总资产
	SGR	营业收入增长率，反映公司成长性
	MFGR	管理费用增速，反映公司代理问题
	Turnover	年化换手率，反映股票流动性
	Volatility	年化波动率的自然对数，反映股价波动水平
	Year	时间虚拟变量，反映时间固定效应
	Industry	行业虚拟变量，反映行业固定效应
	Firm	公司虚拟变量，反映公司个体固定效应

4. 基准模型

前文已经介绍了关于险资持股的多种度量方式，下文将使用如下固定效应模型进行估计：

$$Violation_{it} = \alpha + \beta \cdot Insurance_{it} + \gamma \cdot Controls_{it} + Year_t + Industry_j + Firm_i + \varepsilon_{it} \tag{4-1}$$

其中，模型中变量 *Insurance* 将使用本章中定义的解释变量进行替换，以检验相关假设。

（三）描述性统计及相关系数

1. 全样本描述性统计（见表 4-2）

表 4-2　各个变量的统计特征

变量名	样本数	均值	标准差	最小值	中位数	最大值
Violation	24125	0. 0460	0. 1859	0	0	1. 0986
Dummy	24125	0. 1790	0. 3833	0	0	1
Ratio	24125	0. 0044	0. 0170	0	0	0. 5882
Largest	24125	0. 0034	0. 0118	0	0	0. 2621
Non - largest	24125	0. 0011	0. 0070	0	0	0. 3266
Times	24125	0. 1437	0. 4095	0	0	2. 3026
Analyst	24125	1. 4460	1. 1368	0	1. 3863	3. 8067
ROA	24125	0. 0357	0. 0585	-0. 2491	0. 0339	0. 1987
OtherIO	24125	0. 0734	0. 1147	0	0. 0231	0. 5817
Top1	24125	0. 3558	0. 1514	0. 0881	0. 3351	0. 7695
Top2to10	24125	0. 2140	0. 1297	0. 0158	0. 1997	0. 5411
Balance	24125	0. 3752	0. 1989	0. 0209	0. 3791	0. 8600
Boardsize	24125	2. 1629	0. 2037	1. 0986	2. 1972	2. 8904
Indep	24125	0. 3690	0. 0542	0. 0833	0. 3333	0. 8000
Size	24125	21. 9320	1. 2831	19. 1204	21. 7792	26. 6608
State	24125	0. 4817	0. 4997	0	0	1
Leverage	24125	0. 4622	0. 2193	0. 0518	0. 4602	1. 1430
Age	24125	1. 9759	0. 8611	0	2. 1972	3. 1355
SGR	24125	0. 2221	0. 5865	-0. 6489	0. 1230	4. 5709

表 4-7　保险机构调研的中介效应

变量名	(1)	(2)	(3)	(4)	(5)	(6)	(7)	(8)	(9)
	Violation_c	*Times_c*	*Violation_c*	*Violation_c*	*Times_c*	*Violation_c*	*Violation_c*	*Times_c*	*Violation_c*
Dummy	-0.073***	0.177***	-0.066***						
	(-5.039)	(6.964)	(-4.617)						
Ratio_c				-0.015***	0.035**	-0.014***			
				(-2.927)	(2.285)	(-2.703)			
Largest_c							-0.017***	0.036***	-0.015***
							(-3.024)	(2.734)	(-2.779)
Times_c			-0.035***			-0.036***			-0.036***
			(-5.607)			(-5.794)			(-5.785)
ROA_c	-0.077***	0.064***	-0.074***	-0.078***	0.068***	-0.076***	-0.078***	0.068***	-0.076***
	(-6.950)	(7.018)	(-6.744)	(-7.102)	(7.355)	(-6.875)	(-7.091)	(7.356)	(-6.866)
OtherIO_c	-0.011*	0.110***	-0.007	-0.012**	0.112***	-0.008	-0.012*	0.112***	-0.008
	(-1.800)	(10.274)	(-1.178)	(-1.965)	(10.476)	(-1.308)	(-1.910)	(10.420)	(-1.258)
Top1_c	0.053***	-0.050***	0.051***	0.051***	-0.046**	0.049***	0.051***	-0.046**	0.050***
	(3.295)	(-2.673)	(3.176)	(3.199)	(-2.442)	(3.086)	(3.211)	(-2.457)	(3.097)
Top2to10_c	-0.439**	-0.122	-0.443**	-0.414**	-0.184	-0.421**	-0.416**	-0.181	-0.423**
	(-2.423)	(-0.526)	(-2.451)	(-2.291)	(-0.795)	(-2.332)	(-2.302)	(-0.780)	(-2.342)
Balance_c	0.114***	0.004	0.114***	0.111***	0.011	0.112***	0.112***	0.010	0.112***
	(3.608)	(0.106)	(3.616)	(3.529)	(0.295)	(3.545)	(3.544)	(0.275)	(3.560)

续表

变量名	(1)	(2)	(3)	(4)	(5)	(6)	(7)	(8)	(9)
	Violation_c	*Times_c*	*Violation_c*	*Violation_c*	*Times_c*	*Violation_c*	*Violation_c*	*Times_c*	*Violation_c*
Boardsize_c	0.019**	-0.003	0.019**	0.019**	-0.003	0.019**	0.019**	-0.003	0.019**
	(2.140)	(-0.238)	(2.126)	(2.166)	(-0.282)	(2.148)	(2.160)	(-0.273)	(2.144)
Indep_c	0.002	-0.004	0.002	0.002	-0.003	0.002	0.002	-0.003	0.002
	(0.258)	(-0.359)	(0.241)	(0.211)	(-0.273)	(0.197)	(0.208)	(-0.267)	(0.195)
Size_c	-0.079***	0.091***	-0.076***	-0.084***	0.103***	-0.080***	-0.084***	0.103***	-0.080***
	(-6.611)	(6.025)	(-6.357)	(-7.045)	(6.934)	(-6.743)	(-7.050)	(6.939)	(-6.748)
State	-0.081***	-0.112***	-0.084***	-0.082***	-0.109***	-0.086***	-0.082***	-0.109***	-0.086***
	(-4.329)	(-4.622)	(-4.540)	(-4.385)	(-4.508)	(-4.598)	(-4.387)	(-4.496)	(-4.599)
Leverage_c	0.069***	-0.011	0.069***	0.070***	-0.014	0.070***	0.070***	-0.014	0.070***
	(5.608)	(-1.122)	(5.587)	(5.698)	(-1.396)	(5.668)	(5.695)	(-1.396)	(5.665)
Age_c	0.067***	-0.072***	0.065***	0.067***	-0.071***	0.064***	0.067***	-0.071***	0.064***
	(6.910)	(-5.901)	(6.658)	(6.849)	(-5.747)	(6.596)	(6.859)	(-5.773)	(6.606)
SGR_c	0.008	-0.004	0.008	0.009	-0.006	0.009	0.009	-0.006	0.009
	(0.792)	(-0.719)	(0.778)	(0.869)	(-1.044)	(0.848)	(0.861)	(-1.027)	(0.840)
MFGR_c	-0.003	0.042***	-0.002	-0.003	0.043***	-0.002	-0.003	0.043***	-0.002
	(-0.357)	(6.321)	(-0.196)	(-0.375)	(6.362)	(-0.207)	(-0.366)	(6.336)	(-0.199)
Turnover_c	0.014	-0.024**	0.014	0.015	-0.025**	0.014	0.015	-0.025**	0.014
	(1.183)	(-2.109)	(1.115)	(1.215)	(-2.202)	(1.142)	(1.211)	(-2.211)	(1.138)

续表

变量名	(1)	(2)	(3)	(4)	(5)	(6)	(7)	(8)	(9)
	Violation_c	*Times_c*	*Violation_c*	*Violation_c*	*Times_c*	*Violation_c*	*Violation_c*	*Times_c*	*Violation_c*
Volatility_c	0.011	0.046***	0.013	0.012	0.045***	0.013	0.011	0.045***	0.013
	(1.006)	(4.118)	(1.151)	(1.054)	(3.991)	(1.200)	(1.046)	(4.010)	(1.192)
Constant	0.145*	−0.226***	0.138*	0.130	−0.188**	0.123	0.130	−0.188**	0.123
	(1.769)	(−2.916)	(1.682)	(1.583)	(−2.431)	(1.508)	(1.580)	(−2.429)	(1.505)
Year	Yes	Yes	Yes	Yes	Yes	Yes	Yes	Yes	Yes
Industry	Yes	Yes	Yes	Yes	Yes	Yes	Yes	Yes	Yes
Firm	No	No	No	No	No	No	No	No	No
Observations	24,125	24,125	24,125	24,125	24,125	24,125	24,125	24,125	24,125
R−squared	0.049	0.117	0.050	0.048	0.114	0.050	0.049	0.114	0.050

注：此处为行文简洁，省略控制公司固定效应回归结果，但是结论一致；括号内数字为 t 值；*** $p<0.01$，** $p<0.05$，* $p<0.1$。

2. 险资持股对公司内部以及外部治理机制的替代效应

表4-8中列（1）至列（4）控制了行业固定效应后，可以发现控股股东持股比例与违规次数显著正相关，而分析师跟踪则与违规次数显著负相关。进一步分析交互项，发现险资持股比例与控股股东交互项系数显著为正，与分析师跟踪交互项系数同样显著为正。险资持股比例与违规次数呈显著负相关关系，说明险资的治理作用更多地表现于控股比例较低的上市公司中以及分析师覆盖较少的上市公司中；且险资的监督作用与分析师跟踪存在一定的替代关系。具体而言，在控股股东持股比例较低的公司中，险资持股降低违规行为的作用会更加明显，同时在分析师跟踪较少的公司，险资持股则能更有效地发挥外部监督作用，降低公司违规行为。特别地，列（4）表明险资持股比例与控股股东和分析师跟踪的交互作用均显著存在。此外，列（5）至列（8）控制公司固定效应以后，结论基本不变，但统计上只有分析师跟踪交互项系数显著，说明险资持股与外部机制的替代作用更加明显。

表 4-8 多种治理方式的交互作用

变量名	(1)	(2)	(3)	(4)	(5)	(6)	(7)	(8)
	Violation	*Violation*	*Violation*	*Violation*	*Violation*	*Violation*	*Violation*	*Violation*
Ratio	-0.3991 **	-0.1263 **	-0.3748 **	-0.6134 ***				
	(-2.515)	(-2.268)	(-2.436)	(-2.627)				
Largest					-0.5733 **	-0.2068 **	-0.5016 ***	-0.7781 ***
					(-2.529)	(-2.379)	(-2.685)	(-2.731)
Analyst		-0.0073 ***	-0.0077 ***	-0.0077 ***		-0.0073 ***	-0.0077 ***	-0.0077 ***
		(-4.027)	(-4.194)	(-4.210)		(-4.019)	(-4.205)	(-4.199)
Ratio × *Top*1	0.8253 *			0.8295 **				
	(1.896)			(1.985)				
Ratio × *Analyst*			0.1104 **	0.1061 **				
			(2.036)	(1.997)				
Largest × *Top*1					1.1208 *			1.0519 *
					(1.794)			(1.741)
Largest × *Analyst*							0.1487 **	0.1313 **
							(2.099)	(1.961)
Times	-0.0164 ***	-0.0133 ***	-0.0134 ***	-0.0135 ***	-0.0164 ***	-0.0133 ***	-0.0134 ***	-0.0135 ***
	(-5.843)	(-4.720)	(-4.737)	(-4.780)	(-5.832)	(-4.712)	(-4.739)	(-4.774)
ROA	-0.2411 ***	-0.2170 ***	-0.2168 ***	-0.2168 ***	-0.2409 ***	-0.2168 ***	-0.2167 ***	-0.2168 ***
	(-6.877)	(-6.056)	(-6.052)	(-6.050)	(-6.869)	(-6.050)	(-6.048)	(-6.048)

续表

变量名	(1)	(2)	(3)	(4)	(5)	(6)	(7)	(8)
	Violation	*Violation*	*Violation*	*Violation*	*Violation*	*Violation*	*Violation*	*Violation*
Top1	-0.0142	0.0110	0.0109	0.0098	-0.0137	0.0114	0.0110	0.0099
	(-1.438)	(1.030)	(1.020)	(0.913)	(-1.391)	(1.067)	(1.028)	(0.931)
Top2to10	0.0562***	0.0642***	0.0648***	0.0603***	0.0566***	0.0645***	0.0649***	0.0608***
	(2.833)	(3.257)	(3.284)	(3.029)	(2.851)	(3.267)	(3.285)	(3.047)
Balance	-0.0771**	-0.0833**	-0.0834**	-0.0824**	-0.0779**	-0.0836**	-0.0836**	-0.0831**
	(-2.302)	(-2.474)	(-2.477)	(-2.447)	(-2.325)	(-2.483)	(-2.482)	(-2.467)
Boardsize	0.1036***	0.1109***	0.1115***	0.1107***	0.1045***	0.1113***	0.1118***	0.1113***
	(3.520)	(3.739)	(3.760)	(3.734)	(3.546)	(3.752)	(3.766)	(3.752)
Indep	0.0174**	0.0183**	0.0182**	0.0183**	0.0173**	0.0182**	0.0182**	0.0183**
	(2.160)	(2.268)	(2.265)	(2.277)	(2.149)	(2.264)	(2.260)	(2.267)
Size	0.0050	0.0057	0.0058	0.0055	0.0050	0.0056	0.0057	0.0054
	(0.186)	(0.211)	(0.216)	(0.204)	(0.186)	(0.209)	(0.210)	(0.202)
State	-0.0117***	-0.0088***	-0.0088***	-0.0088***	-0.0117***	-0.0088***	-0.0088***	-0.0088***
	(-6.750)	(-4.621)	(-4.606)	(-4.608)	(-6.752)	(-4.625)	(-4.606)	(-4.606)
Leverage	-0.0159***	-0.0165***	-0.0166***	-0.0165***	-0.0159***	-0.0165***	-0.0166***	-0.0165***
	(-4.588)	(-4.753)	(-4.761)	(-4.751)	(-4.589)	(-4.753)	(-4.760)	(-4.750)
Age	0.0593***	0.0570***	0.0568***	0.0569***	0.0593***	0.0570***	0.0568***	0.0569***
	(5.680)	(5.461)	(5.436)	(5.448)	(5.675)	(5.459)	(5.436)	(5.446)

续表

变量名	(1)	(2)	(3)	(4)	(5)	(6)	(7)	(8)
	Violation	*Violation*	*Violation*	*Violation*	*Violation*	*Violation*	*Violation*	*Violation*
SGR	0.0138***	0.0126***	0.0126***	0.0126***	0.0139***	0.0126***	0.0126***	0.0126***
	(6.599)	(5.955)	(5.963)	(5.964)	(6.610)	(5.964)	(5.961)	(5.964)
MFGR	0.0028	0.0021	0.0021	0.0021	0.0028	0.0021	0.0021	0.0021
	(0.850)	(0.648)	(0.641)	(0.642)	(0.846)	(0.641)	(0.637)	(0.642)
Turnover	-0.0009	-0.0002	-0.0002	-0.0002	-0.0008	-0.0002	-0.0002	-0.0001
	(-0.200)	(-0.056)	(-0.043)	(-0.036)	(-0.195)	(-0.048)	(-0.036)	(-0.034)
Volatility	0.0011	0.0010	0.0010	0.0010	0.0011	0.0010	0.0010	0.0010
	(1.159)	(1.018)	(1.007)	(1.024)	(1.159)	(1.013)	(1.013)	(1.031)
Constant	0.0065	0.0073	0.0074	0.0075	0.0065	0.0073	0.0074	0.0075
	(1.219)	(1.358)	(1.382)	(1.402)	(1.211)	(1.350)	(1.380)	(1.396)
Year	Yes	Yes	Yes	Yes	Yes	Yes	Yes	Yes
Industry	Yes	Yes	Yes	Yes	No	No	No	No
Firm	No	No	No	No	Yes	Yes	Yes	Yes
Observations	24125	24125	24125	24125	24125	24125	24125	24125
R - squared	0.050	0.050	0.051	0.051	0.050	0.051	0.051	0.051

注：括号内数字为 t 值；*** $p<0.01$，** $p<0.05$，* $p<0.1$。

3. 分组回归检验

进一步地，本章分析第一大股东持股比例高低和分析师跟踪高低是否存在差异。具体方法是，以第一大股东持股比例（分析师跟踪）中位数为界限，将样本分为高低（多少）两组，即中位数以上样本属于第一大股东持股比例（分析师跟踪）高（多）分组，中位数以下则为相应的低（少）分组。回归结果如表4-9所示，列（1）至列（4）以第一大股东持股比例中位数进行分组，表明无论是险资持股比例还是第一大险资持股比例增加，第一大股东持股比例较低组的违规次数减少更多，且显著性更强。从列（5）至列（8）中同样可以发现，险资持股比例或第一大险资持股比例增加，分析师跟踪较少组的违规次数减少更多，显著性也较强。因此，在第一大股东持股较低或分析师跟踪较少的公司，险资持股能够更好地减少其违规行为。

表 4－9 分组回归结果

变量名	(1)	(2)	(3)	(4)	(5)	(6)	(7)	(8)
	第一大股东持股比例				分析师跟踪			
	高	低	高	低	多	少	多	少
	Violation	*Violation*	*Violation*	*Violation*	*Violation*	*Violation*	*Violation*	*Violation*
Ratio	−0.0644 (−0.641)	−0.2150*** (−2.905)			−0.1168* (−1.918)	−0.2834** (−2.304)		
Largest			−0.1487 (−1.094)	−0.3205*** (−2.804)			−0.1643 (−1.551)	−0.4048*** (−2.842)
Times	−0.0076* (−1.890)	−0.0239*** (−6.074)	−0.0075* (−1.866)	−0.0239*** (−6.077)	−0.0117*** (−3.978)	−0.0319*** (−3.729)	−0.0117*** (−3.975)	−0.0318*** (−3.717)
ROA	−0.1957*** (−3.979)	−0.2564*** (−5.210)	−0.1951*** (−3.968)	−0.2562*** (−5.205)	−0.0299 (−0.666)	−0.3451*** (−7.062)	−0.0299 (−0.667)	−0.3450*** (−7.057)
Top1	−0.0127 (−1.030)	−0.0164 (−1.007)	−0.0121 (−0.976)	−0.0158 (−0.971)	−0.0246** (−2.364)	−0.0707* (−1.846)	−0.0244** (−2.345)	−0.0704* (−1.839)
Top2to10	0.0529* (1.708)	0.0145 (0.259)	0.0534* (1.725)	0.0147 (0.264)	0.0220 (0.880)	0.0695** (2.411)	0.0221 (0.883)	0.0697** (2.417)
Balance	−0.0731 (−0.796)	−0.0191 (−0.418)	−0.0748 (−0.814)	−0.0197 (−0.432)	−0.0376 (−1.055)	−0.1070* (−1.853)	−0.0377 (−1.058)	−0.1074* (−1.859)
Boardsize	0.0784 (0.958)	0.0693* (1.747)	0.0800 (0.978)	0.0700* (1.763)	0.0516 (1.491)	0.1327*** (2.967)	0.0517 (1.493)	0.1333*** (2.977)

续表

变量名	(1)	(2)	(3)	(4)	(5)	(6)	(7)	(8)
	第一大股东持股比例				分析师跟踪			
	高	低	高	低	多	少	多	少
	Violation	*Violation*	*Violation*	*Violation*	*Violation*	*Violation*	*Violation*	*Violation*
Indep	0.0350***	-0.0024	0.0349***	-0.0026	0.0220**	0.0069	0.0219**	0.0069
	(3.423)	(-0.197)	(3.418)	(-0.208)	(2.340)	(0.537)	(2.334)	(0.534)
Size	0.0523	-0.0634	0.0521	-0.0635	0.0245	-0.0468	0.0244	-0.0469
	(1.496)	(-1.537)	(1.491)	(-1.538)	(0.802)	(-1.047)	(0.800)	(-1.049)
State	-0.0088***	-0.0147***	-0.0088***	-0.0147***	-0.0029	-0.0138***	-0.0029	-0.0137***
	(-4.557)	(-5.019)	(-4.546)	(-5.032)	(-1.523)	(-4.382)	(-1.543)	(-4.375)
Leverage	-0.0133***	-0.0178***	-0.0132***	-0.0178***	-0.0095**	-0.0243***	-0.0095**	-0.0243***
	(-2.943)	(-3.556)	(-2.936)	(-3.558)	(-2.376)	(-4.540)	(-2.389)	(-4.531)
Age	0.0409***	0.0782***	0.0408***	0.0781***	0.0222*	0.0818***	0.0223*	0.0817***
	(3.086)	(5.384)	(3.079)	(5.381)	(1.922)	(5.584)	(1.930)	(5.578)
SGR	0.0099***	0.0188***	0.0099***	0.0189***	0.0069***	0.0190***	0.0070***	0.0190***
	(3.947)	(5.495)	(3.951)	(5.505)	(3.147)	(5.300)	(3.156)	(5.308)
MFGR	0.0091**	-0.0026	0.0090**	-0.0026	0.0041	0.0041	0.0041	0.0041
	(2.192)	(-0.502)	(2.181)	(-0.504)	(0.855)	(0.918)	(0.853)	(0.913)
Turnover	-0.0137***	0.0121*	-0.0137***	0.0122*	-0.0036	0.0023	-0.0035	0.0023
	(-2.813)	(1.678)	(-2.808)	(1.687)	(-0.616)	(0.352)	(-0.610)	(0.354)

续表

变量名	(1)	(2)	(3)	(4)	(5)	(6)	(7)	(8)
	第一大股东持股比例				分析师跟踪			
	高	低	高	低	多	少	多	少
	Violation	*Violation*	*Violation*	*Violation*	*Violation*	*Violation*	*Violation*	*Violation*
Volatility	0.0027**	0.0001	0.0026**	0.0001	0.0011	0.0018	0.0011	0.0018
	(2.003)	(0.062)	(1.989)	(0.070)	(0.958)	(1.237)	(0.961)	(1.236)
Constant	-0.0024	0.0162*	-0.0024	0.0161*	0.0084	0.0085	0.0084	0.0085
	(-0.363)	(1.953)	(-0.368)	(1.944)	(1.480)	(0.843)	(1.475)	(0.842)
Year	Yes	Yes	Yes	Yes	Yes	Yes	Yes	Yes
Industry	Yes	Yes	Yes	Yes	Yes	Yes	Yes	Yes
Firm	No	No	No	No	No	No	No	No
Observations	12058	12067	12058	12067	13132	10993	13132	10993
R - squared	0.042	0.058	0.042	0.058	0.031	0.068	0.031	0.068

注：此处为行文简洁，省略控制公司固定效应回归结果，但是结论一致。

（三）内生性问题

上文虽然验证了险资持股能够减少违规行为的治理作用，但以上结果可能受到选择性偏差问题的影响。同时，可能由于公司违规被发现后险资开始减持甚至完全退出，由此产生互为因果问题。为处理选择性偏差，将险资持股的处理组构造出一组与之最为接近的新对照组，并考虑到上一年度险资持股情况无法受本年度违规情况的影响，因此，本章分别采用倾向得分匹配（PSM）方法和解释变量滞后一期（*L1. Dummy*）进行检验。

表4－10中列（1）和列（2）为PSM回归结果，分别控制了行业固定效应和公司固定效应，结论与表4－4相一致。列（3）表明*Dummy*滞后一期的回归系数依然显著为负，说明险资持股确实能够减少公司违规次数。列（4）同时加入*Dummy*及其滞后项，发现*Dummy*系数显著为负，滞后项系数为负但不显著，说明降低违规行为主要取决于本年度险资持股情况。列（5）和列（6）控制了公司固定效应，结论基本一致，但统计显著性下降较多。

表4－10　内生性问题检验

变量名	PSM		滞后项			
	(1)	(2)	(3)	(4)	(5)	(6)
	Violation	*Violation*	*Violation*	*Violation*	*Violation*	*Violation*
Dummy	−0.0135*** (−5.039)	−0.0111*** (−3.702)		−0.0139*** (−4.963)		−0.0126*** (−4.049)
L1. Dummy			−0.0069** (−2.163)	−0.0026 (−0.815)	−0.0016 (−0.449)	−0.0000 (−0.005)
Constant	0.1514*** (3.514)	0.2348** (2.457)	0.1559*** (3.138)	0.1425*** (2.861)	0.4207*** (3.780)	0.4009*** (3.582)
Controls	Yes	Yes	Yes	Yes	Yes	Yes
Year	Yes	Yes	Yes	Yes	Yes	Yes
Industry	Yes	No	Yes	Yes	No	No
Firm	No	Yes	No	No	Yes	Yes
Observations	24125	24125	21101	21101	21101	21101
R－squared	0.049	0.040	0.048	0.049	0.038	0.039

注：此处解释变量采用滞后一阶进行回归，导致样本量有所减少；括号内数字为t值，*** p<0.01，** p<0.05，* p<0.1。

（四）稳健性检验

为避免违规组和未违规组样本之间不可观测差异的影响，本章在这里仅保留违规样本，进一步检验险资持股与违规次数以及不同类型违规之间的关系。从表4－11中的结果来看，与表4－4结论相一致，即险资持股能够显著减少违规行为，同时统计显著性有所增强，且回归系数绝对值大小提升明显。

表4－11 险资持股与违规次数（仅对违规样本）

变量名	(1)	(2)	(3)	(4)	(5)	(6)
	Violation	*Violation*	*Violation*	*Violation*	*Violation*	*Violation*
Dummy	−0.0855*** (−12.571)			−0.1133*** (−4.811)		
Ratio		−1.0599*** (−3.225)			−2.9846*** (−4.773)	
Largest			−1.5381*** (−3.376)			−4.4311*** (−6.683)
Constant	0.7939*** (6.031)	0.8697*** (6.676)	0.8681*** (6.667)	0.6155 (1.567)	0.6366 (1.600)	0.6290 (1.581)
Controls	Yes	Yes	Yes	Yes	Yes	Yes
Year	Yes	Yes	Yes	Yes	Yes	Yes
Industry	Yes	Yes	Yes	No	No	No
Firm	No	No	No	Yes	Yes	Yes
Observations	1448	1448	1448	1448	1448	1448
R－squared	0.073	0.056	0.058	0.120	0.118	0.122

注：括号内数字为t值；*** $p<0.01$，** $p<0.05$，* $p<0.1$。

五、本章主要研究结论

根据银保监会的数据①，截至2019年4月末，保险业的资金运用余额为17万亿元，其中投向股票和证券投资基金的金额为2.14万亿元，占比

① 资本市场或又迎重大利好，监管酝酿提高险企权益资产监管比例[N]．21世纪经济报道，2019－06－11．

约为 12.58%。伴随着保险资金在股市投资比例的增加，保险投资在中国资本市场的影响力越来越大，不仅表现在投资规模上，尤其是作为机构投资者能发挥积极的监督效应，并提升上市公司治理水平。本章以我国资本市场日趋活跃的险资持股为研究背景，以 2005—2017 年我国 A 股上市公司为样本，实证研究了我国险资持股对上市公司违规行为的影响及作用机制，从而提供了保险资金发挥积极公司治理效应及其机制的实证证据。本章的研究结果表明：第一，险资持股发挥了有效的公司治理作用。险资持股的存在减少了上市公司违规次数。险资持股比例越高，上市公司违规次数越少。相较于其他跟随投资的保险资金，第一大险资持股比例越高，发挥的监督作用越明显。分险种类型来看，传统险和分红险的资金监督和规避上市公司违规行为的作用更有效。第二，保险机构调研是实现险资持股对公司违规行为治理作用的主要路径之一。保险机构调研通过提高险资的信息优势和上市公司的信息披露程度，抑制了管理层进行违规行为的动机，减少了公司违规次数。同时，险资持股的治理作用更多地发挥在控股权比例较低以及分析师跟踪较少的上市公司中，表明保险资金的监督效应是对内部治理机制中控股股东监督和外部治理机制中的分析师覆盖的有效替代。

本章的研究为更加全面地认识保险资金在我国资本市场上发挥的作用，以及险资对被投资企业和其他利益相关者带来的影响，提供了新的视角和实证证据。本章同时也为上市公司违规行为治理因素的研究提供了险资持股的新视角，在一定程度上丰富了公司违规的研究内容，为规范上市公司行为、减少上市公司违规提供了新的手段和途径。并且，基于险资治理行为对上市公司和其他利益相关者影响的视角，本章的研究也有助于更加全面地认识险资持股的微观市场效应，从而有助于金融市场和监管层更加全面地解读险资持股行为传递出的市场信号。

第五章　董责险的治理效应对公司违规的影响研究

本章概要

本章实证研究发现董责险的引入显著降低了公司违规的概率，从而符合监督效应假说。在经过构建配对样本、Heckman两阶段法检验和倾向得分匹配法（PSM）等一系列稳健性检验后，上述结论依然成立。对董责险的监督职能作进一步分析后发现：①董责险的引入对上市公司经营违规和领导人违规的监督效应更为显著，但对信息披露违规的治理作用并不显著；②董责险发挥的监督职能与股权属性和保险公司股东治理存在替代效应，与外部审计师治理和董事长CEO二职分离存在互补效应；③分组检验结果表明，董责险对公司违规的监督效应在外部监管环境较差或者公司内部信息透明度较高的情况下更加显著。本章既提供了保险合约通过公司治理渠道影响公司违规的证据，同时也表明保险公司通过董责险的引入为中国资本市场提供了一种较为有效的公司治理机制。

一、研究问题的提出

机构投资者尤其是金融机构对公司治理的重要影响在研究中受到越来越多的重视（李维安、李滨，2008），已有研究集中于讨论银行贷款的监督效应（Ahn and Choi，2009）、对冲基金的积极干预（BRAV et al.，2008），以及共同基金、养老金等机构投资者通过取得董事席位甚至威胁退出（McCahery et al. ，2016）等治理机制发挥作用。然而，不同于上述机构因为持有股权和债权具有经济激励而施加治理影响，保险公司通过为上市公司提供董事高管责任保险，直接承担了上市公司治理缺陷可能导致的治理风险。因此，保险公司有可能具有更加直接的激励发挥公司治理的监督功能。

董事高管责任保险（以下简称董责险），即公司或公司与董事、高级管理人员共同出资购买，对被保险董事及高级管理人员在履行公司管理职责过程中因被指控工作疏忽或行为不当而被追究其个人赔偿责任时，由保险机构负责赔偿该董事或高级管理人员进行责任抗辩所支出的有关法律费用并代为偿付其应当承担的民事赔偿责任的保险。理论上，保险机构收取的保费包含的风险溢价与投保公司的公司治理水平显著相关，因而保险机构可以准确识别和定价投保公司的风险状况，是一个有效的监督者（Boyer and Stern，2014；Core，2000）。同时，保险机构因承担着未来大额赔付的不确定性风险，会积极通过各种途径对投保公司进行事前风险评估、事中持续监督和事后的积极减损（凌士显、白锐锋，2017），又是一个积极的监督者。然而在实证研究中，保险机构能否有效发挥监督职能却并未得到充分研究。

另外，公司违规严重打击了投资者信心，降低了资本市场效率，因此，防范和治理上市公司违规行为对于切实保护投资者的合法利益和资本市场的健康发展至关重要。已有研究发现，公司的股权结构安排（Byun et al. ，2018）、独立董事（周泽将、刘中燕，2017）、董事与高管的关联（Khanna et al. ，2015）等公司内部治理机制，以及证券分析师（Chen et al. ，2016）、机构投资者（Shi et al. ，2017）、媒体（Dyck et al. ，2010）、外部审计师（Lennox and Pittman，2010）等公司外部治理机制由于直接影响高管违规成本，因而被认为是公司违规的重要影响因素。然而，董责险作为一种重要的公司外部治理机制，是否会影响公司违规行为也未得到充分研究。

2002 年 1 月 15 日，最高人民法院发出《关于受理证券市场因虚假陈述引发的民事侵权纠纷案件有关问题的通知》之后，平安、美国美亚、中国人保、华泰财产保险公司等保险机构相继推出董责险险种。2002 年 1 月 24 日，万科与平安保险签订首份保单，成为董责险的第一买主。据统计，截至 2016 年年底，共有 194 家上市公司的公告宣布购买董责险，占上市公司总数的 6. 36% 。已有研究表明，董责险的引入既有可能通过保险机构积极、有效的外部监督提高高管违规成本，进而约束公司违规行为（凌士显、白锐锋，2017；Yuan et al. ，2016），也有可能通过转嫁董事高管面临的股东诉讼风险弱化法律机制的威慑和约束作用，进而激发董事高管的机会主义行为和道德风险（Chalmers et al. ，2002；Weng et al. ，2017），并诱发公司违规行为。因此，董责险对公司违规行为的实际作用同时也是一个重要的实证研究课题。

本章以 2000—2016 年沪深 A 股上市公司为研究样本，实证检验董责险的引入对公司违规行为的影响。基本分析表明，董责险的引入显著降低了公司违规的概率，从而符合监督效应假说。在经过构建配对样本、Heckman 两阶段法检验和倾向得分匹配法（PSM）等一系列稳健性检验后，上述结论依然成立。对董责险的监督职能作进一步分析后发现：①董责险的引入对上市公司经营违规和领导人违规的监督效应更为显著，但对信息披露违规的治理作用并不显著；②董责险发挥的监督职能与股权属性和保险公司股东治理存在替代效应，与外部审计师治理和董事长 CEO 二职分离存在互补效应；③分组检验结果表明，董责险对公司违规的监督效应在外部监管环境较差或者公司内部信息透明度较高的情况下更加显著。

与以往文献相比，本章的潜在贡献有：首先，笔者的研究提供了保险合约通过公司治理机制的渠道影响公司违规的证据，从而进一步拓展了公司违规影响因素的研究边界。其次，本章从公司违规的视角切入，进一步提供了董责险在中国资本市场中仍然是一种较为有效的公司治理机制的经验证据，从而对如何通过改善公司治理约束公司违规行为提供了相关政策参考。最后，尽管中国的董责险市场在过去 10 年有了快速发展，然而和发达市场相比保险覆盖率仍然较低。因此，本章的研究有可能促使理论界、立法机构和监管当局重新思考公司的董责险决策如何影响公司的治理水平并进一步影响公司违规行为，从而为监管部门推动董责险市场发展的决策提供参考。

本章以下内容组织如下：第二部分在回顾相关文献的基础上提出董责险影响公司违规行为的研究假设；第三部分介绍研究设计以及样本和相关变量的统计描述；第四部分报告基本的实证结果；第五部分进行稳健性检验；第六节展开进一步研究；第七部分为总结。

二、董责险治理效应的文献综述与研究假设

（一）文献综述

1. 影响公司违规行为的公司治理因素

上市公司是否违规在很大程度上是成本收益权衡的结果，而公司治理机制由于直接影响高管违规的成本被认为是公司违规的重要影响因素。根据治理主体的不同，公司治理又可以进一步分为内部治理和外部治理两个方面。公司内部治理主要包括股权结构安排和董事会监督等。例如，Byun等（2018）研究发现，公司的股权结构制度安排对兼并收购过程中的违规行为具有重要影响。周泽将和刘中燕（2017）发现独立董事本地任职可以有效发挥公司治理作用，降低了上市公司违规行为的倾向和严重程度。陆瑶和李茶（2016）研究发现CEO对董事会施加的影响力对公司发生违规行为的概率具有显著的正向影响，CEO对董事会的影响力越大，董事会发挥的治理作用就越差，公司违规的可能性越大。Khanna等（2015）发现CEO和董事高管通过任命决定建立关联会弱化公司治理机制，恶化委托—代理问题，显著增加了公司舞弊行为的风险。逯东等（2017）发现聘任政府官员型独立董事的公司违规概率更高，高校官员型独立董事的公司违规概率更低。这表明政府官员型独董背后的寻租能力导致了监督作用的失效，而高校官员型独董则凭借其专业优势发挥了积极的监督作用。

在外部治理方面，媒体、分析师、机构投资者、外部审计和监管机构等外部利益相关者由于会显著影响公司违规被发现的可能性和违规成本，因而被认为是影响公司违规行为的重要外部治理因素。例如，Dyck 等（2010）研究发现，媒体和行业监管机构在信息获取、货币和声誉激励机制的作用下可以有效识别和发现企业欺诈行为，从而有效发挥公司治理的作用。Shi 等（2017）发现机构投资者、公司控制权市场和证券分析师的外部压力显著增加了公司高管财务欺诈的可能性。曹春方等（2017）研究发现，司法独立性提高之后，公司违规得到查处的概率得到了显著提高，同时，公司违规公告发布时的负面市场反应也有显著增强。周开国等（2016）发现媒体监督与公司违规的频率呈现出显著的负相关关系，表明媒体监督可以起到外部治理作用，并有效降低公司发生违规行为的频率。Chen 等（2016）发现分析师跟踪与公司财务舞弊倾向之间有着显著的负相关关系，发挥着有效的外部治理作用。Lennox 和 Pittman（2010）发现聘请五大会计师事务所的公司从事虚假财务报告的倾向显著更低，表明外部审计师可以发挥有效的治理作用。

综上可知，已有研究发现公司的股权结构安排（Byun et al.，2018）、独立董事（周泽将、刘中燕，2017）、董事与高管的关联（Khanna et al.，2015）等公司内部治理机制，以及证券分析师（Chen et al.，2016）、机构投资者（Shi et al.，2017）、媒体（Dyck et al.，2010）、外部审计师（Lennox and Pittman，2010）等公司外部治理机制由于直接影响高管违规成本，被认为是公司违规的重要影响因素。然而，董责险作为一种重要的公司外部治理机制，是否会影响公司违规行为却还未得到充分研究。

2. 董责险与公司治理

关于董责险的公司治理作用，学术界有两种针锋相对的观点。一种观点认为，董责险的购买引入了保险机构的外部监督，从而约束了管理层的机会主义行为，缓解了委托—代理问题，是一种有效的外部治理机制（Yuan et al.，2016；许荣、王杰，2012）。Boyer 和 Stern（2014）以及 Core（2000）的研究表明，保险机构收取的董责险保费包含的风险溢价与投保公司的公司治理水平显著相关，表明保险机构可以准确识别和定价投保公司的责任风险和公司治理水平，因而是一个有效的监督者。同时，由于保险机构的营业成本受到投保公司责任风险和治理水平的影响，为了控制风险和降低成本，保险机构也有动力对投保公司的治理风险进行持续的事中和事后监督，发挥其专业的外部监督职能，从而也是一个积极的监督者（凌士显、白锐锋，2017）。保险机构积极、有效的监督发挥的外部治理作用已经得到文献的广泛支持。例如，Yuan 等（2016）研究发现董责险与股价崩盘风险呈显著的负相关关系，董责险的购买显著降低了财务重述行为的概率，提高了企业社会责任报告的披露质量，表明保险机构可以发挥有效的监督作用，改善了投保公司的公司治理水平。凌士显和白锐锋（2017）研究发现董责险的引入、引入时间长度、保险金额及相对保险金额等变量与上市公司资金占用率显著负相关，表明董责险的引入可以有效抑制大股东的隧道行为，缓解上市公司的委托—代理问题，是一个有效的外部治理机制。

然而，另一种观点则认为，董责险的引入将董事高管面临的股东诉讼风险转嫁给了保险机构，使保险机构承担了“最后赔款人”的角色，会大大降低董事高管面临的职业责任、弱化法律机制的威慑和约束作用，从而可能激发董事高管的机会主义行为和道德风险（Chalmers et al.，2002）。例如，Weng 等（2017）研究发现，当董责险覆盖率较高因而面临较少的法律责任时，管理层的财务政策会更加激进，从而更可能错误报告盈余，重述财务报告，这表明董责险加剧了管理层的机会主义行为和道德风险。吴锡皓和程逸力（2017）研究发现，相对于没有购买董责险的公司，那些购买董责险的公司随后发生财务重述的倾向更高，并且过大的高管权力会进一步恶化董责险诱发的财务重述行为，表明我国上市公司引入董责险有着非常强烈的机会主义动机。Chen 等（2016）研究发现，董责险与股权成本之间呈显著的正相关关系，董责险的引入在降低公司信息披露质量的同时提高了企业的风险承担水平，从而表明董责险的引入弱化了股东诉讼的惩戒效果，导致股权成本的增加，恶化了委托—代理问题。Lin 等（2013）

发现，公司董责险的覆盖率越高，风险承担水平和财务重述概率就越高，向银行贷款的利差就越大。Lin 等（2011）发现董责险恶化了道德风险，使得投保公司收购溢价更高、收购协调效应更低，导致在兼并收购事件窗口期间的超额收益率显著较低。

（二）研究假设

1. 监督效应假说

公司高管是否违规在很大程度上是成本收益权衡的结果，如果违规收益大于违规成本，高管将倾向于选择违规；反之则不会。因此，在违规收益不变的情况下，增加违规成本将有助于减少高管的违规倾向。保险机构作为积极、有效的外部监督者，可以在很大程度上增加高管违规成本，进而约束公司违规行为。原因如下：①保险机构收取的董责险保费包含的风险溢价与投保公司的风险水平显著相关，可以准确识别和定价投保公司的责任风险和公司治理水平（Boyer and Stern，2014；Core，2000）。因此，公司违规将会大大增加保险机构对投保公司的风险评估和收取保险的风险溢价，从而增加公司的财务成本。②为了控制风险和降低成本，保险机构有很大的激励对投保公司的风险状况进行持续的事中和事后监督，发挥其专业的外部治理职能（凌士显、白锐锋，2017），从而提高了公司违规被发现的概率。因此，基于以上分析，笔者提出假设 1。

假设 1：如董责险符合“监督效应假说”，则董责险的引入与公司违规概率显著负相关。

2. 机会主义假说

此外，董责险的引入也有可能降低高管违规成本进而诱发公司违规行为。董责险的引入将董事高管面临的潜在股东诉讼风险转嫁给了保险机构，使保险机构承担了“最后赔款人”的角色，这会大大降低董事高管面临的职业责任、弱化法律机制的威慑和约束作用，降低了高管违规的成本，从而可能激发董事高管的机会主义行为和道德风险（Chalmers et al.，2002），并诱发公司违规行为。因此，基于以上分析，笔者提出假设 2。

假设2：如董责险符合“机会主义假说”，则董责险的引入与公司违规概率显著正相关。

三、实证研究设计

（一）研究样本与数据来源

考虑到我国上市公司最早引入董责险是在2002年，为了能够更好地捕捉董责险引入前后公司违规行为的变化，本章以2000—2016年A股上市公司为初始样本，在此基础上删除以下样本：①金融保险行业公司样本；②ST、PT公司样本；③相关变量缺失的公司样本。最终得到18779个公司—年度观测值。

参考已有研究（Yuan et al.，2016；Zou et al.，2008；许荣、王杰，2012），购买董责险的上市公司名单以及首次购买年份是笔者在Wind金融数据库中的股东大会和董事会公告以及CSMAR数据库中的股东大会决议公告中根据“董责险”“责任险”“责任保险”等关键词进行检索，手工收集整理得到，如果公告中未明确提出停止董责险的购买，则假定在以后年度持续购买。上市公司违规数据来自锐思金融研究数据库中的“重大事项违规处罚”统计表，借鉴陆瑶和李茶（2016）的研究，本章将公司违规行为定义为公司在信息披露、公司经营及领导人行为等方面违法违规，受到中国证监会、公安机关和司法部门等机构谴责、批评和立案调查等处罚的行为。本章的上市公司治理数据来自国泰安数据库，其他数据来自Wind数据库。为消除极端值的影响，对连续变量进行了上下1%的缩尾处理。

首次购买董责险和被稽查出违规行为的上市公司年度分布情况如表5-1所示。从首次购买董责险的上市公司分布来看，2002年既是董责险落户我国上市公司的元年，又是首次购买公司数量最多的一年，共31家上市公司在这一年首次购买董责险，占比近16%。在最近几年，新增购买董责险的公司数量平均每年有12家左右。从违规上市公司分布来看，被稽查出违规行为的上市公司数目总体呈现出不断上升的趋势，2000年违规公司总数最少，占比仅为1.11%，而到2015年时，违规上市公司总数高达624家，占比为20.98%。

表5-1　首次购买董责险和被稽查出违规行为的上市公司年度分布情况

年份	首次购买董责险公司数目/家	占比/%	被稽查出违规公司数目/家	占比/%
2000	0	0.00	33	1.11
2001	0	0.00	67	2.25
2002	31	15.98	75	2.52
2003	13	6.70	45	1.51
2004	5	2.58	81	2.72
2005	10	5.15	108	3.63
2006	5	2.58	80	2.69
2007	15	7.73	91	3.06
2008	26	13.40	51	1.71
2009	9	4.64	59	1.98
2010	8	4.12	53	1.78
2011	6	3.09	203	6.83
2012	20	10.31	320	10.76
2013	11	5.67	352	11.84
2014	10	5.15	329	11.06
2015	13	6.70	624	20.98
2016	12	6.19	403	13.55
合计	194	100.00	2974	100.00

（二）模型设定与变量定义

为了检验董责险的引入对上市公司违规行为的影响，笔者设定如下模型：

$$Fraud_{i,t} = \beta_0 + \beta_1 \times Doins_{i,t} + \beta_2 \times Control_{i,t} + \sum Year + \sum Industry + \varepsilon_{i,t} \tag{5-1}$$

借鉴现有研究（Khanna et al.，2015；陆瑶等，2012；陆瑶、李茶，2016），本章使用虚拟变量（*Fraud*）来衡量公司违规行为，若公司在当年被稽查出有违规行为，则取值为1；否则为0。在解释变量中，参考Zou等

(2008)、许荣和王杰（2012）的研究，笔者用虚拟变量（*Doins*）来衡量企业是否购买了董责险，定义为企业购买董责险之后的年度样本取值为1；否则为0。系数β_1衡量了董责险的引入对上市公司违规行为的影响，如果β_1显著为正，则表明董责险的引入与上市公司违规的概率正相关；如果β_1显著为负，则表明董责险的引入与上市公司违规的概率负相关。同时借鉴现有文献（曹春方等，2017；周开国等，2016），笔者在模型中控制了以下公司财务特征变量：公司规模（*Size*），年末总资产的自然对数；资产负债率（*Lev*），负债总额与资产总额的比值；成长能力，总资产增长率（*Gasset*）；盈利能力，总资产收益率（ROA）。此外，本章还控制了如下可能影响公司违规行为的公司治理变量：股权属性（SOE），当公司控股股东为中央国有企业或者地方国有企业时为1，否则为0；股权集中度（*Cr*1），第一大股东持股比例；两职合一（*Dual*），当董事长和总经理是同一人时取值为1，否则为0；董事会规模（*Boardsize*），董事会人数；独立董事比例（*Indratio*），独立董事人数占董事会人数比例。最后，本章还控制了年度固定效应和行业固定效应（见表5-2）。

表5-2 相关变量定义

变量	符号	定义
公司违规	*Fraud*	若公司在当年被稽查出有违规行为，则取值为1，否则为0
购买董责险	*Doins*	企业购买董责险之后的年度样本取值为1，否则为0
股权属性	*SOE*	控股股东为中央或地方国有企业时为1，否则为0
股权集中度	*Cr*1	第一大股东持股比例
公司规模	*Size*	年末总资产的自然对数
资产负债率	*Lev*	负债总额÷资产总额
成长能力	*Gasset*	总资产增长率
盈利能力	ROA	总资产收益率=净利润÷资产总额
两职合一	*Dual*	当董事长和总经理是同一人时取值为1，否则为0。
董事会规模	*Boardsize*	董事会人数
独立董事比例	*Indratio*	独立董事人数÷董事会人数
年度固定效应	*Year* FE	控制年度
行业固定效应	*Industry* FE	控制行业，按2012年证监会行业分类标准大类分类

（三）描述性统计分析

本章主要变量的描述性统计结果如表5－3所示，公司违规虚拟变量*Fraud*的均值为0.103，表明公司违规的年度样本占样本总量的比值略大于10%。购买董责险虚拟变量*Doins*的均值为0.053，表明引入董责险的上市公司年度样本占所有样本的比例略大于5%。股权属性变量SOE的均值为0.414，表明在本章的研究样本中，国有企业样本略少于非国有企业样本。股权集中度*Cr*1的均值为35.930%，表明在笔者的样本中，平均而言上市公司处于相对控股状态。从股权集中度的最小值（8.794%）、最大值（75.000%）和标准差（15.050%）来看，我国上市公司的股权集中度水平差异较大。其他变量的统计数据详见表5－3。

表5－3　主要变量的描述性统计

主要变量	均值	中位数	标准差	最小值	最大值	样本数
Fraud	0.103	0	0.304	0	1	18779
Doins	0.053	0	0.224	0	1	18779
SOE	0.414	0	0.493	0	1	18779
*Cr*1/%	35.930	34.160	15.050	8.794	75.000	18779
Size	12.640	12.460	1.233	10.100	16.500	18779
Lev/%	43.010	42.750	21.030	4.846	108.100	18779
Gasset/%	23.970	11.620	43.330	−33.780	254.500	18779
ROA/%	6.382	5.792	6.551	−19.070	41.020	18779
Dual	0.246	0	0.431	0	1	18779
Boardsize	8.880	9	1.766	5	15	18779
Indratio	0.368	0.333	0.053	0.000	0.556	18779

四、基本实证分析

（一）单变量统计分析

为了比较分析是否购买董责险的两组上市公司在违规行为和其他公司特征方面的区别，笔者统计了两组企业的公司违规变量和其他主要变量的均值，以及两组均值在统计上是否存在显著差别。统计结果如表5－4所示。从公司违规变量（*Fraud*）来看，没有购买董责险组的公司违规变量的均值为0.107，是购买董责险组公司（均值为0.053）的两倍，且在1%的统计水平上存在显著差别，表明没有购买董责险公司的平均违规概率要显著高于购买董责险的公司。从股权属性变量（SOE）来看，没有购买董责险公司的均值（0.390）在1%的统计水平上显著低于购买董责险公司（0.723），表明购买董责险公司更多为国有企业。此外，从其他变量的均值比较结果中还可以看出，购买董责险公司的股权集中度更高、规模更大、负债水平更高、成长性更低。

表5-4　单变量统计分析结果

主要变量	(1) 没有购买董责险公司		(2) 购买董责险公司		(1) - (2)
	均值	样本	均值	样本	均值差
Fraud	0.107	17409	0.053	1370	0.054***
SOE	0.390	17409	0.723	1370	-0.334***
Cr1	35.630	17409	39.700	1370	-4.067***
Size	12.570	17409	13.620	1370	-1.056***
Lev	42.150	17409	53.970	1370	-11.825***
Gasset	24.580	17409	16.120	1370	8.465***
ROA	6.407	17409	6.072	1370	0.334*
Dual	0.255	17409	0.139	1370	0.116***
Boardsize	8.823	17409	9.604	1370	-0.781***
Indratio	0.368	17409	0.369	1370	-0.001

注：*** $p<0.01$，** $p<0.05$，* $p<0.1$。

（二）多变量回归分析

模型（5-1）的Probit回归结果如表5-5所示。在前两列中，笔者只控制了年度固定效应和行业固定效应，可以看出变量*Doins*的回归系数为-0.293，t值为-4.18，在1%的水平上显著。在后两列中，笔者进一步加入了一系列控制变量，变量*Doins*的回归系数变为-0.270，t值变为-3.68，仍然在1%的水平上显著。以上结果表明董责险的购买可以引入保险机构积极、有效的外部监督，从而显著降低了上市公司违规行为的概率，符合监督效应假说，支持了假设 H1 - A。因此，保险机构作为积极、有效的外部监督者，可以在很大程度上增加高管违规成本，进而约束公司违规行为。一方面，保险机构收取的保费包含的风险溢价与投保公司的公司治理水平显著相关，保险机构因此可以准确识别和定价投保公司的风险状况，是一个有效的监督者（Boyer and Stern，2014；Core，2000）。另一方面，保险机构因承担着未来大额赔付的不确定性风险，会积极地通过各种途径对投保公司进行事前风险评估、事中持续监督和事后的积极减损（凌士显、白锐锋，2017），因而又是一个积极的监督者。在其他控制变量中，股权属性、股权集中度、公司规模、总资产增长率、总资产收益率的回归系数均显著为负，表明越是国有企业、股权集中度越高、公司规模越大、公司成长性越好、公司盈利能力越强，上市公司违规的概率越小。资产负债率的回归系数显著为正，表明资产负债率越高，上市公司违规的概率越大。

表 5-5 基本回归结果

变量	*Fraud*			
	系数	t 值	系数	t 值
Doins	-0.293 ***	(-4.18)	-0.270 ***	(-3.68)
SOE			-0.248 ***	(-7.24)
*Cr*1			-0.004 ***	(-3.80)
Size			-0.035 **	(-2.34)
Lev			0.004 ***	(4.81)
Gasset			-0.001 ***	(-3.02)
ROA			-0.018 ***	(-6.81)
Dual			-0.003	(-0.10)
Boardsize			-0.011	(-1.14)
Indratio			-0.091	(-0.31)
_ *cons*	-1.710 ***	(-6.77)	-0.979 ***	(-3.02)
Year and Industry FE	YES		YES	
N	18720		18720	
Pseudo - R^2	0.085		0.105	

注：括号中为 Huber - White sandwich t - statistic；*** $p<0.01$，** $p<0.05$，* $p<0.1$。

五、稳健性检验

（一）构建配对样本

在笔者的研究样本中，购买董责险的公司年度样本相对较少，约占样本总数的5%，为了进一步提高结果的可靠性，笔者借鉴 Yuan 等（2016）和 Zou 等（2008）的研究，为每一个购买董责险的公司样本在没有购买董责险的样本中寻找 1 个配对样本。配对方法如下：首先，根据行业和年份进行匹配，在没有购买董责险的样本中为每一个购买的样本挑选出所有同行业且同年份的样本；其次，在完成行业和年份匹配的样本中，再根据公司规模为每一个购买董责险的样本挑选出 1 个规模最相近的匹配样本；最后，笔者完成了 1:1 匹配，共得到 2740 个匹配后的研究样本。使用配对样本带入模型（5－1）的回归结果如表 5－6 所示，可以看出，构建配对样本后变量 *Doins* 的回归系数为－0.256，与根据初始样本得到的回归系数（－0.270）非常接近，且都在 1% 的水平上显著为负，表明董责险的引入可以显著降低公司违规的概率，再次支持了监督效应假说。

表 5－6　构建配对样本的回归结果

变量	*Fraud*	
	系数	t 值
Doins	－0.256 ***	（－2.81）
SOE	－0.231 **	（－2.28）
Cr1	－0.003	（－0.91）
Size	－0.085 **	（－2.14）
Lev	0.007 ***	（2.67）
Gasset	－0.001	（－0.78）
ROA	－0.004	（－0.50）
Dual	0.262 **	（2.48）
Boardsize	－0.031	（－1.20）
Indratio	－1.513	（－1.58）
_ *cons*	1.422 *	（1.91）

续表

变量	Fraud	
	系数	t值
Year and Industry FE	YES	
N	2552	
Pseudo – R^2	0.155	

注：括号内数字为 t 值;；$***p<0.01$，$**p<0.05$，$*p<0.1$。

（二）Heckman 两阶段法

企业购买董责险的决定可能不是随机的，会产生样本选择偏误的内生性问题，从主要变量的均值比较结果中可以看出，购买董责险公司的股权集中度更高、规模更大、负债水平更高、成长性更低。因此，笔者借鉴现有文献（Yuan et al.，2016；凌士显、白锐锋，2017），使用 Heckman 两阶段法进一步控制样本选择的内生性。具体步骤为：在第一阶段，使用 Probit 模型估计上市公司选择购买董责险的逆米尔斯比（Lamda），模型如下：

$$Doins_{i,t} = \beta_0 + \beta_1 \times \mathrm{BH}_{i,t} + \beta_2 \times Mshare_{i,t} + \beta_3 \times Z_{i,t} + \beta_4 \times Control_{i,t} + \sum Year + \sum Industry + \varepsilon_{i,t} \quad (5-2)$$

在模型（5－2）中，笔者除了加入模型（5－1）中用到的所有控制变量，还控制了其他可能影响上市公司购买董责险倾向的公司治理变量，包括是否交叉上市虚拟变量（BH），如果上市公司同时发行了 B 股、H 股，取值为 1，否则为 0。高管是否持股虚拟变量（*Mshare*），当上市公司高管持股时，取值为 1，否则为 0。股权制衡度变量（*Z*），为公司第一大股东与第二大股东持股比例的比值。最后，笔者还在模型中控制了行业和年度固定效应。Heckman 第一阶段的回归结果如表 5－7 所示，可以看出，是否交叉上市（BH）的回归系数显著为正，表明同时发行了 B 股或 H 股的上市公司购买董责险的概率显著更高。同时，股权属性（SOE）、公司规模（*Size*）和资产负债率（*Lev*）的回归系数也都显著为正，表明国有企业、规模较大和负债水平较高的上市公司购买董责险的概率显著更高。此外，两职合一虚拟变量（*Dual*）和总资产增长率（*Gasset*）的回归系数显著为负，表明董事长和高管两职合一的公司以及成长能力较好的公司引入董责险的概率显著更低。

表 5－7　Heckman 第一阶段回归结果

变量	*Doins*	
	系数	t 值
BH	0.671 ***	(13.53)
Mshare	0.058	(1.45)
Z	0.001	(0.75)
SOE	0.296 ***	(6.74)
*Cr*1	0.000	(0.28)
Size	0.150 ***	(7.43)
Lev	0.009 ***	(7.33)
Gasset	－0.003 ***	(－3.71)
ROA	0.004	(1.16)
Dual	－0.178 ***	(－3.40)
Boardsize	0.004	(0.36)
Indratio	0.262	(0.80)
_ *cons*	－4.623 ***	(－11.25)
Year and Industry FE	YES	
N	15937	
Pseudo－R^2	0.197	

注：*** $p<0.01$，** $p<0.05$，* $p<0.1$。

在第二阶段，笔者在模型（5－1）的基础上进一步控制了第一阶段回归得到的 *Lamda*，Probit 回归的结果详见表 5－8，可以看出，*Lamda* 的回归系数在 1% 的水平上显著为正，表明了笔者进行内生性修正的必要性。在控制了内生性之后，*Doins* 的回归系数仍然在 1% 的水平上显著为负，表明董责险的引入可以显著降低公司违规的概率，再次证明了本章回归结果的稳健性。

表 5－8　Heckman 第二阶段回归结果

变量	*Fraud*	
	系数	t 值
Doins	－2.353 ***	(－7.80)

续表

变量	*Fraud*	
	系数	t 值
SOE	-0.188 ***	(-4.97)
Cr1	-0.004 ***	(-3.53)
Size	0.011	(0.65)
Lev	0.005 ***	(5.29)
Gasset	-0.001 ***	(-3.20)
ROA	-0.020 ***	(-6.87)
Dual	-0.021	(-0.62)
Boardsize	-0.014	(-1.32)
Indratio	0.045	(0.14)
Lamda	1.010 ***	(7.58)
_ *cons*	-1.688 ***	(-4.34)
Year and Industry FE	YES	
N	15937	
Pseudo - R^2	0.109	

注：*** p<0.01，** p<0.05，* p<0.1。

（三）倾向得分匹配法（PSM）

为了进一步控制样本选择可能造成的内生性，借鉴 Yuan 等（2016）、凌士显和白锐锋（2017）的做法，本章采用倾向得分匹配法（PSM）为购买董责险的样本构建匹配样本进行回归。样本匹配的具体过程如下：首先，以 Heckman 第一阶段回归用到的所有控制变量对分组变量 *Doins* 进行 Logit 回归，以回归的预测值作为得分，如果两家企业得分相近，说明这两家企业购买董责险的可能性和倾向相似。其次，笔者采用最近邻匹配法，按照 1∶1 的比例进行匹配样本的选取，最终得到了基于 PSM 方法的匹配样本。匹配后平行假设的检验结果如表 5-9 所示，可知匹配后所有变量的标准化偏差均大幅缩小，且均小于 10%，而且 t 检验结果也都不能拒绝处理组与控制组无系统差异的原假设，从而通过了平行假设检验。将匹配样本代入模型（5-1）进行回归的结果如表 5-10 所示，可以看出，变量

Doins 的回归系数在 5% 的水平上显著为负，表明在使用匹配样本进一步控制样本选择偏差的情况下，董责险的引入仍然可以显著降低公司违规概率，从而进一步证明了本章结论的稳健性。

表 5－9　PSM 匹配的平行假设检验结果

匹配变量	U（匹配前）	均值		标准化偏差（%）	t 检验	
	M（匹配后）	处理组	控制组		t 值	p 值
BH	U	0. 310	0. 0569	69. 20	29. 74	0. 000
	M	0. 310	0. 316	－1. 500	－0. 250	0. 802
Mshare	U	0. 615	0. 673	－12. 20	－3. 650	0. 000
	M	0. 615	0. 604	2. 300	0. 480	0. 633
Z	U	16. 96	13. 23	11. 90	3. 980	0. 000
	M	16. 96	16. 11	2. 700	0. 540	0. 592
SOE	U	0. 747	0. 405	73. 90	20. 70	0. 000
	M	0. 747	0. 748	－0. 200	－0. 0500	0. 957
*Cr*1	U	39. 57	35. 64	25. 40	7. 650	0. 000
	M	39. 57	40. 27	－4. 600	－0. 930	0. 351
Size	U	13. 80	12. 61	83. 60	29. 09	0. 000
	M	13. 80	13. 88	－5. 300	－1. 010	0. 311
Lev	U	55. 39	42. 13	66. 20	18. 75	0. 000
	M	55. 39	55. 24	0. 700	0. 160	0. 877
Gasset	U	13. 21	24. 74	－31. 60	－7. 810	0. 000
	M	13. 21	13. 73	－1. 400	－0. 450	0. 654
ROA	U	5. 553	6. 463	－14. 20	－4. 120	0. 000
	M	5. 553	5. 742	－2. 900	－0. 630	0. 527
Dual	U	0. 107	0. 253	－38. 50	－10. 01	0. 000
	M	0. 107	0. 125	－4. 600	－1. 160	0. 245
Boardsize	U	9. 554	8. 869	37. 60	11. 41	0. 000
	M	9. 554	9. 563	－0. 500	－0. 0900	0. 928
Indratio	U	0. 371	0. 368	5. 200	1. 520	0. 128
	M	0. 371	0. 373	－5. 400	－1. 130	0. 260

表 5 - 10 倾向得分匹配法的回归结果

变量	*Fraud*	
	系数	t 值
Doins	-0.238 **	(-2.22)
SOE	-0.480 ***	(-3.47)
*Cr*1	-0.005	(-1.25)
Size	-0.095 *	(-1.86)
Lev	0.009 **	(2.55)
Gasset	0.000	(0.09)
ROA	-0.015	(-1.46)
Dual	0.138	(0.87)
Boardsize	-0.054	(-1.37)
Indratio	-2.522 **	(-1.97)
_ *cons*	1.306	(1.19)
Year and Industry FE	YES	
N	1369	
Pseudo - R^2	0.170	

注：*** $p<0.01$，** $p<0.05$，* $p<0.1$。

六、对董责险监督职能的进一步分析

（一）董责险对不同公司违规类型影响的检验

根据锐思数据库对公司违规行为的分类，借鉴陆瑶等（2012）和滕飞等（2016）的研究，笔者将公司违规行为进一步细分为信息披露违规、经营违规和领导人违规三类。其中，信息披露违规包括发现上市、定期报告、临时公告信息的虚假、遗漏和延误披露，经营违规包括违规发行、违规担保和违规投资证券等，领导人违规包括领导人违规持股、领导人涉嫌犯罪和领导人失踪等。笔者根据这三种违规类别分别设置了 3 个虚拟变量作为被解释变量，定义为当该年度公司被稽查出有对应类别的违规行为时，取值为 1，否则为 0。代入模型（5 - 1）的回归结果如表 5 - 11 所示，可以看出，在第（1）列中，*Doins* 的回归系数为 -0.120，但并不显著。

在第（2）列中，*Doins* 的回归系数为 -0.664，在1%的水平上显著为负。在第（3）列中，*Doins* 的回归系数为 -0.308，在10%的水平上显著为负。比较三列结果中 *Doins* 回归系数的大小和t值，笔者发现董责险对经营违规的回归系数无论是在经济意义上还是在统计意义上均是最显著的，董责险对领导人违规的回归系数次之，信息披露违规最不显著。以上结果表明，董责险的引入对上市公司经营违规的监督效应最为显著，对领导人违规的监督效应次之，但对信息披露违规的监督效应并不显著。这可能是由以下两个原因造成的：一方面，机构投资者对公司的财务活动和会计信息更为重视，而不够关注公司的经营行为，因此对上市公司信息披露违规的治理作用相对更强（陆瑶等，2012），考虑到公司经营违规和领导人违规会对公司的运营会产生直接的影响，并可能大幅提高公司的潜在风险，从而增大保险机构未来大额赔付的可能性和运营成本，保险机构会更加关注公司的经营违规和领导人违规，从而发挥积极、有效的监督作用。另一方面，相对于公司经营行为和领导人行为，公司信息披露的监督成本相对较小，投资者和监管部门可能会更多地关注公司的信息披露行为，从而公司信息披露已经面临较大的约束，因此，董责险对信息披露违规监督的边际效应不大，而对经营违规则能发挥更大的边际治理作用（滕飞等，2016）。

表5-11　董责险对不同公司违规类型的影响

变量	(1)	(2)	(3)
	信息披露违规	经营违规	领导人违规
Doins	-0.120	-0.664***	-0.308*
	(-1.34)	(-2.82)	(-1.90)
SOE	-0.247***	-0.171**	-0.308***
	(-5.63)	(-2.40)	(-4.62)
*Cr*1	-0.004***	-0.002	-0.007***
	(-3.15)	(-0.87)	(-3.67)
Size	-0.058***	-0.063**	0.006
	(-3.07)	(-2.07)	(0.23)

续表

变量	(1)	(2)	(3)
	信息披露违规	经营违规	领导人违规
Lev	0.007***	0.006***	0.002
	(6.54)	(3.29)	(1.15)
Gasset	-0.000	-0.002*	-0.003***
	(-0.23)	(-1.65)	(-4.08)
ROA	-0.028***	-0.013**	0.002
	(-8.07)	(-2.30)	(0.32)
Dual	0.020	-0.002	-0.039
	(0.51)	(-0.04)	(-0.64)
Boardsize	-0.012	-0.021	0.029
	(-0.99)	(-1.02)	(1.64)
Indratio	-0.241	0.287	0.156
	(-0.65)	(0.47)	(0.27)
_ *cons*	-0.755**	-1.548***	-2.341***
	(-1.96)	(-2.63)	(-4.23)
Year and Industry FE	YES	YES	YES
N	18688	17547	17693
Pseudo - R^2	0.108	0.081	0.087

注：括号内数字为 t 值；*** $p<0.01$，** $p<0.05$，* $p<0.1$。

（二）董责险与公司治理变量的交叉项对公司违规的影响

已有研究发现，公司的内外部治理机制对公司违规行为有着重要影响（Byun et al.，2018；周泽将、刘中燕，2017；Khanna et al.，2015；Chen et al.，2016；Shi et al.，2017；Lennox and Pittman，2010），那么保险机构发挥的监督职能与其他治理机制到底是相互补充还是相互替代呢？为此，笔者进一步检验了董责险与其他内外部治理变量的交叉项对公司违规的影响，检验模型如下：

$$Fraud_{i,t} = \beta_0 + \beta_1 \times Doins_{i,t} + \beta_2 \times Govern_{i,t} + \beta_3 \times Doins_{i,t} \times Govern_{i,t} + \beta_4 \times Control_{i,t} + \sum Year + \sum Industry + \varepsilon_{i,t} \quad (5-3)$$

笔者在模型（5－1）的基础上加入了董责险与公司治理变量的交叉项，公司治理变量具体包括股权属性、是否两职合一、审计师是否来自四大会计师事务所和保险公司持股比例。模型（5－3）的回归结果如表5－12所示。

在第（1）列中，笔者检验了董责险与股权属性的交叉项（*Doins* × SOE）对公司违规的影响，发现交叉项的系数在10%的水平上显著为负，表明在国有企业中，董责险对公司违规行为的治理效果更好。国有企业所有者缺位可能导致较为严重的治理缺失，结果则表明，保险机构发挥的监督职能是国有企业治理缺陷的有效替代机制。在第（2）列中，笔者检验了董责险与保险公司持股比例的交叉项（*Doins* × *Insurer*）对公司违规的影响，发现交叉项的系数在10%的水平上显著为正，表明当公司同时拥有保险公司股东时，董责险的引入对公司违规行为的监督效果会有所减弱，且保险公司持股比例越高，董责险的引入对公司违规的边际治理效应越弱。表明保险公司持股与董责险合约同是保险机构发挥监督职能的重要机制，具有相互替代的效应。原因可能在于：一方面，拥有保险机构股东的上市公司已经面临来自保险机构的约束，从而董责险的引入发挥的边际治理效应将有所减弱；另一方面，对上市公司的监督需要成本，因此，保险机构股东和董责险合约保险机构之间可能会存在相互依赖的“搭便车”现象，从而减弱了董责险的治理效果。在第（3）列中，笔者检验了董责险与审计师是否来自四大会计师事务所的交叉项（*Doins* × *Big*4）对公司违规的影响，发现交叉项的系数在10%的水平上显著为负，表明当公司审计师来自四大会计师事务所时，董责险对公司违规行为的抑制效果更好。以上结果表明，保险机构发挥的监督职能与外部审计师治理机制存在互补效应，这可能是因为保险机构的有效监督依赖于严格的外部审计带来的公司信息的准确披露，从而降低了保险机构监督的成本，提高了监督的有效性。在第（4）列中，笔者检验了董责险与两职合一虚拟变量的交叉项（*Doins* × *Dual*）对公司违规的影响，交叉项的系数在5%的水平上显著为正，表明当董事长和总经理两职分离时，董责险对公司违规行为的治理效果更好。陆瑶和李茶（2016）研究发现，董事对高管的制约是重要的治理机制，可以显著降低公司违规的概率。研究表明，董事的治理机制和保险机构的监督职能存在互补效应，当公司高管面临来自董事长的强有力的监督时，董责险可以更为有效地发挥监督作用。

表 5－12　董责险与公司治理变量的交叉项对公司违规的影响

变量	(1)	(2)	(3)	(4)
	Fraud	Fraud	Fraud	Fraud
Doins × SOE	－0.283 * (－1.92)			
Doins × *Insurer*		6.535 * (1.82)		
Doins × *Big4*			－0.404 * (－1.68)	
Doins × *Dual*				0.477 ** (2.50)
Insurer		－3.249 ** (－2.29)		
Big4			－0.383 *** (－4.16)	
Doins	－0.096 (－0.86)	－0.299 *** (－3.88)	－0.166 ** (－2.13)	－0.350 *** (－4.33)
SOE	－0.237 *** (－6.84)	－0.246 *** (－7.16)	－0.251 *** (－7.33)	－0.249 *** (－7.27)
Cr1	－0.004 *** (－3.79)	－0.004 *** (－3.90)	－0.004 *** (－3.65)	－0.004 *** (－3.76)
Size	－0.034 ** (－2.33)	－0.032 ** (－2.15)	－0.013 (－0.84)	－0.035 ** (－2.34)
Lev	0.004 *** (4.79)	0.004 *** (4.80)	0.004 *** (4.46)	0.004 *** (4.81)
Gasset	－0.001 *** (－3.03)	－0.001 *** (－3.05)	－0.001 *** (－3.17)	－0.001 *** (－2.98)
ROA	－0.018 *** (－6.79)	－0.018 *** (－6.73)	－0.018 *** (－6.78)	－0.018 *** (－6.86)

续表

变量	(1)	(2)	(3)	(4)
	Fraud	Fraud	Fraud	Fraud
Dual	-0.002 (-0.05)	-0.003 (-0.10)	-0.003 (-0.10)	-0.015 (-0.46)
Boardsize	-0.011 (-1.19)	-0.011 (-1.14)	-0.010 (-1.04)	-0.011 (-1.14)
Indratio	-0.091 (-0.31)	-0.079 (-0.27)	-0.025 (-0.09)	-0.082 (-0.28)
_ *cons*	-0.978 *** (-3.01)	-1.011 *** (-3.11)	-1.251 *** (-3.79)	-0.979 *** (-3.01)
Year and Industry FE	YES	YES	YES	YES
N	18715	18715	18715	18715
Pseudo - R^2	0.106	0.106	0.108	0.106

注：括号内数字为 t 值；*** $p<0.01$，** $p<0.05$，* $p<0.1$。

（三）关于董责险对公司违规行为的影响在不同环境下的分组检验

一方面，由于目前的法律制度不完善和执法水平较低，法律监管对上市公司违规行为的威慑力和约束作用较小（李新春、陈斌，2013），那么董责险能否作为薄弱法律监管环境下的有效替代治理机制呢？为此笔者考察了在不同监管环境下董责险对公司违规影响的差异；另一方面，公司内部信息的透明度直接影响了外部利益相关者监督公司经营和高管行为的成本，因而对外部治理效果有着重要影响（Dan et al.，2017），为此笔者进一步检验了在不同公司内部信息环境下董责险对公司违规影响的效果是否存在差异。

不同法律环境下董责险对公司违规影响的分组检验结果见表 5-13 的前 2 列。借鉴滕飞等（2016）的做法，笔者用王小鲁等（2017）编制的分省份市场化指数的子指标“中介组织发育和法律环境”指数作为公司所处监管环境的质量指标，根据公司所处地区法律环境指数是否大于同一年度所有样本的中值，将所有样本划分为法律环境指数高和低两组。由表 5-13可知，在法律环境指数低的一组中，变量 Doins 的回归系数在 5%

的水平上显著为负，而在法律环境指数高的一组中，变量 Doins 的回归系数却并不显著，这表明在监管环境较差的情况下，董责险可以发挥更为有效的监督治理作用，是薄弱法律监管环境的有效替代机制。

不同公司信息环境下董责险对公司违规影响的分组检验结果见表 5 - 13 后 2 列，深圳证券交易所发布的《上市公司信息披露工作考核办法》将上市公司信息披露质量从高到低划分为 A、B、C、D 四个等级，笔者将等级为 A 和 B 的样本划分为信息透明度高的一组，将等级 C 和 D 的样本划分为信息透明度低的一组。由表 5 - 13 可知，在信息透明度低的一组中，变量 Doins 的回归系数为负，但并不显著。而在信息透明度高的一组中，变量 Doins 的回归系数在 5% 的水平上显著为负，表明董责险对公司违规的监督在信息透明度较高的情况下可以发挥更为有效的作用。

表 5 - 13 董责险对公司违规影响在不同环境下的分组检验

Fraud	外部法律环境		内部信息环境	
	法律环境指数低	法律环境指数高	信息透明度低	信息透明度高
Doins	-0.325**	-0.116	-0.344	-0.288**
	(-2.27)	(-0.85)	(-1.50)	(-2.40)
SOE	-0.202***	-0.257***	-0.204*	-0.235***
	(-3.24)	(-3.56)	(-1.83)	(-4.32)
Cr1	-0.000	-0.006***	0.000	-0.003**
	(-0.17)	(-3.01)	(0.10)	(-2.38)
Size	-0.073**	-0.046	-0.028	0.031
	(-2.35)	(-1.51)	(-0.54)	(1.31)
Lev	0.005***	-0.002	0.004*	0.003*
	(3.07)	(-1.22)	(1.88)	(1.95)
Gasset	-0.001	-0.002**	-0.003**	-0.001**
	(-0.59)	(-2.40)	(-2.41)	(-2.15
ROA	-0.017***	-0.017***	-0.011*	-0.014***
	(-3.32)	(-3.44)	(-1.77)	(-3.64)
Dual	0.081	0.030	0.093	-0.088**
	(1.29)	(0.52)	(1.07)	(-2.12)

续表

Fraud	外部法律环境		内部信息环境	
	法律环境指数低	法律环境指数高	信息透明度低	信息透明度高
Boardsize	-0.002	-0.003	0.009	-0.012
	(-0.13)	(-0.17)	(0.31)	(-0.76)
Indratio	0.202	-0.306	-0.202	-0.372
	(0.38)	(-0.53)	(-0.25)	(-0.87)
_ *cons*	-1.061 **	-0.737	-1.229	-1.256 ***
	(-2.25)	(-1.48)	(-1.33)	(-2.61)
Year and Industry FE	YES	YES	YES	YES
N	5300	5691	1549	9470
Pseudo - R^2	0.104	0.105	0.170	0.098

注：括号内数字为 t 值；*** $p<0.01$，** $p<0.05$，* $p<0.1$。

七、研究结论与政策建议

本章以 2000—2016 年沪深 A 股上市公司为研究样本，实证发现董责险的引入显著降低了公司违规的概率，从而发挥了有效的外部治理作用。在对董责险的监督职能作进一步分析发现：①董责险的引入对上市公司经营违规和领导人违规的监督效应更为显著，但对信息披露违规的治理作用并不显著；②董责险发挥的监督职能与股权属性和保险公司股东治理存在替代效应，与外部审计师治理和董事长 CEO 二职分离存在互补效应；③分组检验结果表明，董责险对公司违规的监督效应在外部监管环境较差或者公司内部信息透明度较高的情况下更加显著。

第一，笔者的研究提供了保险合约通过公司治理机制的渠道影响公司违规的证据，从而进一步拓展了公司违规影响因素的研究边界。第二，本章从公司违规的视角切入，进一步提供了董责险在中国资本市场中仍然是一种较为有效的公司治理机制的经验证据，从而对如何通过改善公司治理约束公司违规行为提供了相关政策参考。第三，尽管中国的董责险市场在过去 10 年有了快速发展，然而和发达市场相比保险覆盖率仍然较低。因此，本章的研究有可能促使理论界、立法机构和监管当局重新思考公司的董责险决策如何影响公司的治理水平并进一步影响公司违规，从而为监管部门推动董责险市场发展的决策提供参考。

第六章 董责险的治理效应对企业创新的影响研究

本章概要

公司治理机制由于直接影响企业高管的激励约束以及管理层的风险偏好，被认为显著影响了企业创新水平。然而，董责险作为一种重要的影响董事高管激励和风险承担水平的公司治理机制是否会影响企业创新，却未得到充分研究。本章以2000—2016年沪深A股上市公司为研究样本，实证分析发现董责险的引入显著提高了企业创新水平，从而符合激励效应假说。Heckman两阶段法和倾向得分匹配法（PSM）等一系列检验结果表明了该结论的稳健性。机制分析表明，董责险的引入主要通过风险承担渠道和公司战略渠道影响企业创新。该研究既提供了保险合约通过公司治理渠道影响企业创新的证据，也表明董责险在中国资本市场中仍然是一种较为有效的公司治理机制。

一、研究问题的提出

创新对宏观经济增长和微观企业竞争力都起到了至关重要的作用。Aghion和Howitt（2006）提出微观企业创新是经济增长的主要来源，OECD（2015）估计创新对现代经济体GDP增长的贡献达到了50%以上。党的十九大报告中也明确提出“创新是引领发展的第一动力，是建设现代化经济体系的战略支撑”。因此，企业创新的影响因素研究成为近年来经济与金融领域的研究热点。现有文献中，公司治理机制由于直接影响企业高管的激励约束以及管理层的风险偏好，被认为显著影响了企业创新水平（Sunder et al.，2016）。然而，董事高管责任保险作为一种重要的影响董事高管激励和风险承担水平的公司治理机制是否会影响企业创新，却未得到充分研究。

董事高管责任保险，即对被保险董事及高级管理人员在参与公司经营管理过程中因行为不当或工作疏忽受到指控并追究其个人赔偿责任时，由保险公司代为赔付该董事高管在责任抗辩过程中支付的相关法律费用并负责赔偿其应该承担的民事赔偿责任的保险。据统计，截至 2016 年年底，共有 194 家上市公司购买了董事高管责任保险，占 2016 年年底沪深 A 股 3052 家上市公司总数的 6.36%。已有研究发现，董事高管责任险既有可能鼓励董事高管积极进取、大胆创新，但也有可能激发短期机会主义行为因而阻碍创新。因此，董事高管责任险对于创新的实际作用也是一个实证研究的重要课题。

本章以 2003—2016 年沪深 A 股上市公司为初始样本，采用基于 PSM 的研究设计对可能存在的选择性偏误进行控制，并采用 Heckman 两阶段法等作为稳健性检验。实证发现，董责险的引入显著提高了企业的创新产出和创新效率，具有创新激励效应。并且激励效应主要通过风险承担渠道和管理效率渠道促进企业创新。进一步研究发现，当投资者保护程度较高、公司面临被诉风险较大时，董责险的激励效果和对企业创新的促进作用更加显著。

值得注意的是，凌士显和白锐锋（2018）的最新成果在研究主题上与本章最为相近，他们主要得出了两点结论：第一，董事责任险与企业研发投入显著负相关，助长了企业的机会主义行为；第二，董事责任险与董事会特征存在交互效应，董事责任险通过董事会治理对企业创新产生影响。他们的第二点结论为笔者理解董责险治理作用的发挥机制提供了新的视角和有益借鉴，但第一点结论的得出笔者认为明显不妥。暂且不考虑内生性问题的影响，第一点结论的依据是：在模型中同时加入董责险变量与董事会特征变量的交互项之后董责险变量的回归系数显著为负。这显然不妥，因为如果在模型中同时加入交互项，董责险变量的回归系数将不能真正反映董责险与企业创新之间的关系。事实上，在没有加入交互项的情况下，他们的回归结果表明董责险对企业的研发投入并没有显著的影响，本章的实证结果与他们的研究并不冲突。与他们的研究相比，本章在以下方面作了进一步拓展：第一，在研究设计上采用PSM方法并用Heckman两阶段法做稳健性检验，从而较好地控制了内生性，保证了结果的可靠性。第二，不同于凌士显和白锐锋（2018）仅采用研发投入衡量企业创新，本章从研发投入、专利产出以及创新效率三个维度综合考虑了董责险对企业创新的影响，发现董责险不仅没有加剧企业的机会主义行为，反而提高了企业的专利产出水平和创新效率，具有创新激励效应。第三，本章识别出了董责险促进企业创新的风险承担渠道和管理效率渠道，揭示了董责险激励效应发挥的作用机制。第四，本章发现公司面临的制度环境和被诉风险对董责险的激励效应具有重要影响，表明了董责险发挥激励效应的制度环境基础。

本章的潜在贡献主要包括以下几个方面：第一，笔者从董事责任保险的独特视角提供了影响企业创新的实证证据，从而有可能增进研究者们对企业创新影响因素的理解。已有文献发现企业的政治联结（袁建国等，2015）、现金流不确定性（刘波等，2017）、融资约束（张璇等，2017）、业绩考核制度（余明桂等，2016）等因素均有可能影响中国企业创新。而笔者的研究则提供了保险合约通过公司治理机制的渠道影响企业创新的证据。第二，本章在郑志刚等（2011）、许荣和王杰（2012）以及赵杨和John Hu（2014）的基础上进一步提供了董事责任保险在中国制度情境下仍然是一种较为有效的公司治理机制的经验证据，并对如何通过改善公司治理机制促进企业创新水平提供了相关政策参考。第三，尽管中国的董事责任保险市场在过去10年有了快速发展，然而和发达市场相比，保险覆盖率仍然较低。因此，本章作为保险、公司治理和企业创新等领域的交叉研究，有可能促使理论界、立法机构和监管当局重新思考董事责任保险的购买如何影响公司的治理水平并进一步影响企业创新，从而为监管部门推动董事责任保险市场发展的决策提供参考。同时也增进了对保险本质和功能的认识（魏华林，2018）。

本章主要内容组织如下：第一部分在回顾相关文献的基础上提出董事责任保险影响企业创新的研究假设；第二部分基于 PSM 的研究设计，从董责险公司的分布、相关变量的定义以及 PSM 的匹配过程进行阐述；第三部分报告基本的实证结果及稳健性检验；第四部分讨论可能的影响机制；第五部分进一步分析了制度环境对董责险激励效应的影响；第六部分总结全章。

二、董责险影响企业创新的理论推演与研究假设

（一）企业创新的影响因素

企业创新的影响因素研究是近年来经济与金融领域的研究热点，Hong 等（2012）认为公司治理等企业层面特征、产学研合作和战略管理等战略层面特征以及市场结构与制度环境等宏观层面这三个层面都对企业创新有显著影响。例如，钟腾（2019）从金融发展的视角梳理了企业创新的影响因素。由于本章考察的主题更加侧重于微观层面公司治理和激励机制如何影响企业创新，笔者也主要从微观层面对影响企业创新的因素梳理如下。微观层面的企业特征，尤其是很大程度上公司控股股东可以影响甚至决定的治理机制、薪酬激励以及董事会特征，都有可能影响公司创新。首先，和本章研究关联最紧密的是，对高管从事创新可能导致失误甚至失败的容忍以及对创新的长期激励在实证中已经发现能够显著促进企业创新。Baranchuk 等（2014）以较强的反收购条款度量对 CEO 从事创新可能失败的容忍，并以长期期权合约度量薪酬激励，发现两者均与企业创新显著正相关。Chang 等（2015）发现，不仅 CEO 的薪酬激励，即使是其他高管的长期期权合约，也能够显著促进企业创新，并且和本章研究的作用机制相似，他们进一步发现薪酬激励影响企业创新的渠道更多是从风险承担方面发挥作用的。从薪酬激励视角出发，以中国市场为背景，余明桂等（2016）发现央企的创新水平在《中央企业负责人经营业绩考核暂行办法》实施后显著提高，表明国有企业通过改变高管的激励机制可以有效提高企业创新效率。其次，薪酬激励更多是从对高管的经济激励出发，而高管尤

其是 CEO 自身具有的自我激励因素如过度自信也能够发挥和薪酬激励相似的效果。Hirshleifer 等（2012）发现，拥有过度自信 CEO 的企业有着更高的收益波动性，在创新上投入更多，获得更多的专利数量和引用。Sunder 等（2016）利用 CEO 是否拥有飞行驾驶执照作为 CEO 风险承受态度和追求创新的度量，发现拥有飞行驾驶执照和企业创新显著正相关。最后，尽管激励和监督两者都被认为是有效公司治理的特征，但更高程度的监督却被发现并不利于企业从事高风险的突破性创新。Balsmeier 等（2017）利用监管规则变化的外生冲击发现，更高比重的独立董事尽管会造成企业更多数量的创新，然而却同时造成企业突破性创新的下降。

（二）董事高管责任保险与公司治理

董责险能否作为有效的公司治理机制这一问题在学术界一直存在激烈争论。

董责险的支持者认为，这是一种积极的公司治理机制，有利于提高公司价值。其中，强化管理层激励和引入外部监督是董责险发挥公司治理作用的重要渠道。一方面，董事高管责任保险对企业高管有着激励效应，能够改善他们的风险规避倾向，从而使其勇于承担风险（胡国柳、胡珺，2017）。引入董事责任保险将董事高管可能面临的责任风险转移给了保险公司，将会减少企业高管由于不当行为或疏忽导致错误的后顾之忧，能够激发董事高管的工作激情，鼓励董事积极进取、大胆创新经营（郑志刚等，2011）。董事高管责任保险可以对冲企业高管执业过程中面临的责任风险，为董事高管提供财产保障和风险庇护。这将会深刻影响企业高管在经营决策过程中的心理账户，因而有助于缓解管理者的风险厌恶情绪，从而使其积极承担风险（胡国柳、胡珺，2017）。另一方面，董责险的引入提升了保险人对投保公司的外部监督职能，有效降低了上市公司的代理成本（Yuan 等，2016）。Boyer 和 Stern（2014）的研究表明，保险人在承保董事高管责任险时所收取的费率和风险溢价与上市公司面临的风险显著正相关，表明保险人收取的费率具备信号传递职能，保险人能够对上市公司进行有效的风险评估，并对投保公司的责任风险和公司治理水平进行准确识别和定价，因而是一个有效的监督者。同时，由于投保公司的治理水平和责任风险会直接影响到保险公司的经营成本，为了尽可能地降低营业成本，保险公司也会积极、持续地在保险期限内对上市公司的责任风险和治理状况进行实时跟踪和有效监督，从而也是一个积极的监督者（凌士显、白锐锋，2017）。保险人积极、有效的外部监督不仅增加了上市公司的风险承担能力，而且能降低上市公司的股价崩盘风险（Yuan et al.，2016）。

董责险的反对者则认为，董事高管责任险的引入使保险公司担任了“最终赔款人”的角色，会大幅减轻企业高管应该承担的职业责任，弱化法律诉讼的约束机制和威慑效果，进而进一步恶化企业高管的道德风险和机会主义行为（Chalmers et al.，2002）。一方面，董事高管责任险将董事高管面临的潜在投资者诉讼风险转嫁给了保险公司，弱化了股东诉讼的约束效应，从而可能激发董事高管的自利和机会主义行为。另一方面，因为独立董事和监事可能面临的责任风险也随着董事高管责任险一同转嫁给了保险人，这有可能降低其履行监督职责的积极性，进而加剧了大股东对中小股东的利益侵占，增加了代理成本（凌士显、白锐锋，2017）。学者研究发现，董责险的引入显著增加了企业债务融资成本（Lin et al.，2013）、股权融资成本（Chen et al.，2016）和企业发生财务重述行为的概率（吴锡皓、程逸力，2017），并显著降低了企业的投资效率（Li and Liao，2014）、企业收购绩效（Lin et al.，2011）和董事高管薪酬绩效敏感性（Wang and Chen，2016）。

（三）文献述评

从微观因素来看，依据不完全契约理论，公司治理机制由于会直接影响企业高管的激励约束以及管理层的风险偏好，被认为显著影响了企业创新水平（Sunder et al.，2016）。然而，董事高管责任保险作为一种重要的影响董事高管激励和风险承担水平的公司治理机制是否会影响企业创新却未得到充分研究。近期研究文献中，凌士显和白锐锋（2018）的最新成果首次考察了董责险与企业创新的关系，他们发现董责险与企业创新显著负相关，并且董责险与董事会特征对企业创新的影响存在交互效应。他们的研究为笔者理解董责险的治理作用提供了新的视角和有益借鉴，本章在他们重要成果的研究基础上重点考虑了如下改进：第一，在研究设计和稳健性检验中更加重视考虑内生性问题的影响；第二，在企业创新的测度上不仅使用研发支出，而且进一步考虑董责险对企业专利产出和创新效率的影响；第三，在识别出董责险影响企业创新的具体渠道的基础上，进一步考察公司面临的制度环境和被诉风险对董责险治理作用的影响。

（四）理论推演与假设提出

在 Jensen 和 Meckling（1976）提出的委托—代理理论中，企业高管具有风险厌恶倾向。这导致其在经营管理和行为决策过程中，为了规避潜在的诉讼风险而畏首畏尾，致使企业错过发展良机。因此，Core（1997）把企业高管厌恶风险看作上市公司引入董责险的一个关键需求动因，希望通过董责险的引入解除管理层在经营管理过程中由于过失和疏忽致使被诉的后顾之忧，激励具有风险厌恶倾向的董事和高管勇于进取。但大量基于美国、加拿大等发达国家的经验证据却发现，董责险在分散风险的同时也弱化了法律机制的威慑作用和股东诉讼的约束效果，从而激发了董事高管的道德风险和机会主义行为，加大了代理冲突。然而，与发达国家相对完善的法治环境不同，中国独特的制度背景可能造成我国上市公司和欧美发达市场经济主体在购买董责险的实际需求和运用效果上的巨大差异。例如，不同于英美法系国家普遍存在的高投资者诉讼风险，我国相对不完善的法律制度环境造成中国的上市公司实际上很少被指控诉讼，从而大大弱化了股东诉讼对董事高管的约束威慑作用（赵杨、John Hu，2014）。在此背景下，董责险是否仍然会助长机会主义行为还是能够对管理层提供有效激励，有待进一步的实证检验。

具体到董责险与企业创新的关系，一方面，如果董责险的引入通过强化管理层激励和引入外部监督发挥着积极的治理作用，那么董责险的引入将有利于提升管理层的风险承担水平，进而促进企业创新。其中的原因是：①引入董责险将董事高管可能面临的职业风险转移给了保险公司，减少董事由于疏忽或不当行为造成错误的后顾之忧，能够激发董事高管的工作激情，鼓励董事积极进取、大胆创新经营，有助于其履行董事的忠诚义务和勤勉义务，因而有助于缓解管理者的风险厌恶情绪，从而使其积极承担风险。而管理层在战略决策上的风险偏好程度和风险承担水平在很大程度上影响并决定着企业创新决策的制定过程，对企业绩效和长远发展有着重要影响。风险承担水平高的管理层往往对创新风险和不确定性的容忍程度更高，从而对企业的创新绩效有着积极的促进作用。②董责险的引入提升了保险人对投保公司的外部监督职能，有效降低了上市公司的代理成本。保险人能够对上市公司进行有效的风险评估，并对投保公司的责任风险和公司治理风险进行准确识别和定价，因而是一个有效的监督者。同时，为了控制风险和降低成本，保险人也有动力对投保公司的责任风险和公司治理风险进行持续的事中和事后监督，发挥其专业的外部治理职能，从而也是一个积极的监督者。保险人积极、有效的外部监督有利于减少代理成本，增加管理层的风险承担水平，进而促进了企业创新。而且，董责险的引入使保险人承担了“最后赔款人”的角色，将董事高管面临的潜在责任风险转嫁给了保险人，这会大大降低董事高管面临的职业责任，弱化法律机制的威慑作用和股东诉讼的约束效果，从而可能激发董事高管的机会主义行为和道德风险。此外，因为独立董事和监事可能面临的责任风险也随着董责险的引入一同转嫁给了保险人，这有可能降低其履行监督职责的积极性，从而加剧了大股东对中小股东利益的侵占，增加了代理成本，进而对企业创新产生负面影响。

根据上文的分析，本章提出两个相互竞争的待检验假设。

假设 1：如果激励效应假说成立，则董责险的引入与企业创新应呈显著的正向关系。

假设 2：如果机会主义假说成立，则董责险的引入与企业创新应呈显著的负向关系。

三、研究设计

（一）研究样本与数据来源

在我国，关于企业自愿选择是否披露董责险购买信息，公开数据库中难以找到相关数据，但是证监会要求上市公司购买董责险的议案必须经过董事会提议和股东大会投票决定，这就为从董事会和股东大会公告中手工收集董责险信息提供了基础。笔者在 Wind 金融数据库中的股东大会和董事会公告以及 CSMAR 数据库中的股东大会决议公告中，以“董责险”“责任险”“责任保险”为关键词进行手工检索，并对所有公告原文进行分析，剔除无关内容的公告后，最终确定了购买董责险的上市公司名单和首次披露的公告年份。借鉴前人的研究，本章将首次披露董责险的公告年份作为上市公司首次购买年份，如果公告中未明确提出停止董责险的购买，则假定在以后年度持续购买。董责险样本企业的首次购买年度分布和行业分布情况如表 6 - 1 所示。

表 6 - 1　首次购买董责险上市公司的年度和行业分布情况

首次购买年度	公司数目/家	占比/%	证监会行业	公司数目/家	占比/%
2002	31	15.98	制造业	84	43.30
2003	13	6.70	金融业	31	15.98
2004	5	2.58	交通运输、仓储和邮政业	16	8.25
2005	10	5.15	批发和零售业	16	8.25
2006	5	2.58	房地产业	12	6.19
2007	15	7.73	电力、热力、燃气及水生产和供应业	10	5.15
2008	26	13.40	采矿业	9	4.64
2009	9	4.64	信息传输、软件和信息技术服务业	6	3.09
2010	8	4.12	建筑业	4	2.06
2011	6	3.09	文化、体育和娱乐业	3	1.55
2012	20	10.31	水利、环境和公共设施管理业	2	1.03
2013	11	5.67	农、林、牧、渔业	1	0.52

续表

首次购买年度	公司数目/家	占比/%	证监会行业	公司数目/家	占比/%
2014	10	5.15			
2015	13	6.70			
2016	12	6.19			
合计	194	100	合计	194	100

资料来源：根据上市公司董事会公告和股东大会决议公告手工收集完成。

由表6－1可知，在年度分布上，2002年既是上市公司首次购买董责险的年份，也是购买公司数量最多的一年，共31家上市公司首次购买董责险，占比近16%。其次，2008年购买董责险的上市公司数量也多达26家，占比为13.40%，仅次于2002年。在最近几年（2013—2016年），董责险购买公司数量平均每年稳定在12家左右。从行业分布上看，制造业中购买董责险的公司数量最多，多达84家，占比为43.30%。其次，金融业中购买董责险的公司也多达31家，占比近16%，排名第二。农、林、牧、渔业行业中仅1家上市公司购买董责险，数量最少。

考虑到我国上市公司最早引入董事高管责任保险是在2002年，为了能够更好地捕捉董责险引入前后企业创新的变化，本章选择2000—2016年所有沪深A股上市公司作为初始样本，并删除已经退市的公司、金融保险行业公司和相关变量缺失的公司，最终得到22328个公司—年度观测值。表6－1中的194家购买董责险的上市公司在样本删除后还剩下149家，涉及1713个样本。上市公司专利数据、公司治理数据来自国泰安数据库，其他数据来自Wind数据库。为消除极端值的影响，对连续变量进行了上下1%的缩尾处理。

（二）模型设定与变量定义

为了检验上市公司董责险的引入对企业创新的影响，笔者设定如下模型：

$$Patent_{i,t} = \beta_0 + \beta_1 \times Doins_{i,t} + \beta_2 \times Control_{i,t} + \sum Year + \sum Industry + \varepsilon_{i,t} \quad (6-1)$$

关于创新的衡量指标，现有文献主要分别从创新投入和产出的角度用研发支出和专利数量衡量。考虑到研发支出数据仅从2007年开始，时间跨度相对较短，因此，借鉴前人的研究，笔者用发明专利申请数量来衡量企业创新。相对于实用新型专利和外观设计专利，发明专利是对产品、方法或者其改进所提出的新技术方案，获得难度较大、技术要求较高，可以更好地衡量企业的创新能力和企业的实质性创新水平。考虑到董责险的引入对企业创新的影响可能存在一定的时滞，笔者分别用当期、未来一期和未来两期的发明专利申请数量来衡量企业在不同时期的创新水平。在稳健性检验部分，笔者用发明、实用新型和外观设计专利申请数量的加权之和以及发明专利的授权数量来重新衡量企业创新。

笔者用一个虚拟变量 *Doins* 来衡量企业是否购买了董责险，定义为企业购买董责险之后的年度样本取值为1，否则为0。β_1 衡量了董责险对企业创新的影响，如果 β_1 显著为正，则表明董责险的引入对企业创新具有促进作用；如果 β_1 显著为负，则表明董责险的引入对企业创新具有抑制作用。同时借鉴现有文献，笔者在模型中加入了如下控制变量：股权属性，当公司控股股东为中央国有企业或者地方国有企业时为1，否则为0；公司规模为年末总资产的自然对数；资产负债率为负债总额与资产总额的比值；公司年龄为公司自成立年份起的年数，取自然对数；经营性现金流比率为经营活动产生的现金流量净额与销售收入的比值；成长能力为总资产增长率；营运资本比率为营运资本与总资产的比值；固定资产比率为固定资产与总资产的比值。此外，本章还控制了年度固定效应和行业固定效应。变量定义参见表6-2。

表6-2　变量定义

变量	变量符号	定义
发明专利申请数量	*Patent*	发明专利申请数量加1取自然对数
专利申请数量加权总数	*Patent_ Weight*	发明专利、实用新型和外观设计专利按3:2:1权重加权求和，加1取自然对数
发明专利授权总数	*Patent_ Grant*	发明专利授权总数加1取自然对数

续表

变量	变量符号	定义
董责险虚拟变量	*Doins*	企业购买董责险之后的年度样本取值为1，否则为0
股权属性	SOE	控股股东为中央或地方国有企业时为1，否则为0
公司规模	*Size*	年末总资产的自然对数
资产负债率	*Lev*	负债总额÷资产总额
公司年龄	*Age*	公司自成立年份起的年数，取自然对数
经营性现金流比率	*Cashflow*	经营活动产生的现金流量净额÷总资产
成长能力	*Gasset*	总资产增长率
营运资本比率	*Wkcapital*	营运资本÷总资产
固定资产比率	*Tangibility*	固定资产÷总资产
年度虚拟变量	*Year_ Dummy*	控制年度
行业虚拟变量	*Industry_ Dummy*	控制行业，按2012年证监会行业分类标准行业大类进行分类

（三）描述性统计

主要变量的描述性统计结果如表6－3所示。从发明专利的申请数量来看，均值为1.373，大于中位数（1.099），说明发明专利申请数的分布存在右偏的特征，对专利数取自然对数可以改善这种右偏分布状况。从股权属性变量（SOE）来看，均值和中位数分别为0.446和0，表明在笔者的样本中，国有企业样本略少于非国有企业样本。其他变量的主要统计特征详见表6－3。

表6－3　主要变量的描述性统计

主要变量	均值	中位数	标准差	最小值	最大值	样本数
Patent	1.373	1.099	1.390	0.000	5.557	22328
Doins	0.0498	0	0.218	0	1	22328
SOE	0.446	0	0.497	0	1	22328
Size	12.530	12.360	1.238	10.100	16.500	22328
Lev	44.710	44.270	21.830	4.846	108.100	22328
Age	2.648	2.708	0.396	1.386	3.401	22328
Cashflow	7.805	7.140	17.590	−62.540	66.470	22328

续表

主要变量	均值	中位数	标准差	最小值	最大值	样本数
Gasset	22.730	11.070	42.950	-33.780	254.500	22328
Wkcapital	19.840	19.080	27.240	-58.280	81.330	22328
Tangibility	24.300	21.340	16.140	0.521	70.700	22328

资料来源：根据研究样本利用 stata14 软件计算得出。

四、基本实证分析

（一）单变量统计分析

为了比较分析有/无购买董责险公司在创新水平和其他公司特征方面的区别，笔者分别统计两组企业在专利申请数量和其他主要变量的均值，以及这些均值在统计上是否存在显著差别。统计结果如表6-4所示，可以看出，购买董责险公司的专利申请数量（Patent）的均值为1.587，显著高于没有购买董责险公司的1.355，t值为-6.641。表明购买董责险公司的创新水平要显著高于没有购买董责险的公司。从股权属性变量（SOE）来看，购买董责险公司的均值（0.733）显著高于没有购买董责险的公司（0.422），表明购买董责险的大多为国有企业。此外，从公司规模（*Size*）、资产负债率（*Lev*）、经营性现金流比率（*Cashflow*）和固定资产比率（*Tangibility*）来看，购买董责险公司的规模更大，杠杆水平更高，自由现金流和固定资产占比更多。

表6-4　单变量统计分析结果

主要变量	没有购买董责险公司		购买董责险公司		均值差	
	均值	样本	均值	样本	t值	P值
Patent	1.355	20615	1.587	1713	-6.641	0.000
SOE	0.422	20615	0.733	1713	-25.230	0.000
Size	12.460	20615	13.380	1713	-30.350	0.000
Lev	43.910	20615	54.340	1713	-19.150	0.000
Age	2.648	20615	2.650	1713	-0.147	0.883
Cashflow	7.674	20615	9.380	1713	-3.859	0.000

续表

主要变量	没有购买董责险公司		购买董责险公司		均值差	
	均值	样本	均值	样本	t 值	P 值
Gasset	23.310	20615	15.820	1713	6.941	0.000
Wkcapital	20.590	20615	10.820	1713	14.320	0.000
Tangibility	24.030	20615	27.490	1713	-8.531	0.000

资料来源：根据研究样本利用 stata14 软件计算得出。

（二）多变量回归分析

模型（6-1）的回归结果如表 6-5 所示，在表前 3 列中笔者仅控制了行业和年度固定效应，可以看出董责险虚拟变量（*Doins*）的回归系数均在 1% 的水平上显著为正，t 值分别高达 8.17、7.30 和 6.99。在（4）~（6）列中，笔者进一步加入了控制变量，并控制了企业个体效应。结果显示，在 3 列回归结果中，董责险虚拟变量（*Doins*）的回归系数依然都在 1% 的水平上显著为正，且 *Doins* 的回归系数分别为 0.198、0.206 和 0.233，依次递增，表明董责险的引入可以显著增加当期、未来一期和未来两期上市公司的创新水平，并且董责险激励作用的发挥存在一定的时滞，对创新的促进作用随着时间不断增强。在其他控制变量方面，公司规模对企业创新具有显著的正向影响，其他变量的回归系数符号和显著性与前人研究大体相同。以上结果支持了假设 H1-A，表明董责险的引入对企业管理者存在激励效应，从而符合“激励效应假说”。

表 6-5　董责险与企业创新的初步回归结果

	(1)	(2)	(3)	(4)	(5)	(6)
	Patent	Patent(T+1)	Patent(T+2)	Patent	Patent(T+1)	Patent(T+2)
Doins	0.381***	0.369***	0.384***	0.198***	0.206***	0.233***
	(8.17)	(7.30)	(6.99)	(3.45)	(3.30)	(3.54)
SOE				0.001	0.038	-0.002
				(0.02)	(0.99)	(-0.05)
Size				0.418***	0.385***	0.334***
				(27.87)	(22.58)	(17.56)

续表

	(1)	(2)	(3)	(4)	(5)	(6)
	Patent	Patent(T+1)	Patent(T+2)	Patent	Patent(T+1)	Patent(T+2)
Lev				-0.003***	-0.002**	-0.001
				(-3.30)	(-2.06)	(-1.49)
Age				0.177**	0.145*	0.151
				(2.20)	(1.65)	(1.60)
Cashflow				0.000	0.001*	0.001***
				(0.40)	(1.92)	(2.86)
Gasset				-0.001***	-0.000*	-0.000*
				(-5.71)	(-1.78)	(-1.77)
Wkcapital				-0.002***	-0.001*	-0.001
				(-3.82)	(-1.84)	(-1.56)
Tangibility				0.002***	0.003***	0.003***
				(2.77)	(3.29)	(3.56)
Year FE	*YES*	*YES*	*YES*	*YES*	*YES*	*YES*
Industry FE	*YES*	*YES*	*YES*	*YES*	*YES*	*YES*
Firm FE	*NO*	*NO*	*NO*	*YES*	*YES*	*YES*
N	22327	19451	16966	22085	19202	16807
R^2	0.241	0.242	0.241	0.687	0.703	0.715

注：括号内数字为t值；*** $p<0.01$，** $p<0.05$，* $p<0.1$。

五、稳健性检验

（一）内生性控制：Heckman 两阶段法

企业购买董责险的决定可能不是随机的，从而会产生样本选择偏误的内生性问题，笔者使用 Heckman 两阶段法在控制住内生性的基础上进一步检验董责险与企业创新的关系。在第一阶段，使用 Probit 模型估计上市公司选择董事高管责任险的逆米尔斯比（Lamda），模型如下：

$$Doins_{i,t} = \beta_0 + \beta_1 \times Dual_{i,t} + \beta_2 \times BH_{i,t} + \beta_3 \times Mshare_{i,t} + \beta_4 \times Boardsize_{i,t}$$

$$+\beta_5 \times Cr5_{i,t} + \beta_6 \times Z_{i,t} + \beta_7 \times Control_{i,t} + \sum Year + \sum Industry + \varepsilon_{i,t} \quad (6-2)$$

在模型（6-2）中，在等号右边除了加入模型（6-1）中的控制变量，笔者还引入了六个可能对购买董事高管保险产生影响的公司治理变量，分别是：虚拟变量是否两职合一（*Dual*），当董事长和总经理是同一人时取值为1，否则为0。虚拟变量是否交叉上市（BH），当公司同时发行了B股、H股时，取值为1，否则取值为。虚拟变量高管是否持股（*Mshare*），持股时取值为1，否则为0。董事会规模变量（*Boardsize*），董事会人数。股权集中度变量，前5大股东持股比例之和。股权制衡变量（*Z*），公司第一大股东与第二大股东持股比例的比值。Heckman第一阶段的回归结果如表6-6所示，可以看出，董事长和高管两职合一的上市公司引入董责险的概率显著更低，交叉上市、股权集中度高和国有企业引入董责险的概率显著更高。

表6-6　Heckman第一阶段回归结果

变量	Doins	
	系数	Z值
Dual	-0.189***	(-3.67)
BH	0.562***	(11.30)
Mshare	0.058	(1.48)
Boardsize	0.002	(0.21)
Cr5	0.005***	(3.83)
Z	0.001	(1.29)
SOE	0.295***	(6.98)
Size	0.156***	(8.49)
Lev	0.013***	(9.02)
Age	0.539***	(8.14)
Cashflow	0.000	(0.24)
Gasset	-0.003***	(-4.25)
Wkcapital	0.007***	(4.86)
Tangibility	-0.002	(-1.29)

续表

变量	Doins	
	系数	Z 值
Year FE	YES	
Industry FE	YES	
N	16549	
Wald - chi2	1302.066 ***	

注：＊＊＊ p<0.01，＊＊ p<0.05，＊ p<0.1。

在第二阶段，将第一阶段回归得到的 *Lamda* 代入模型（6-1）中进行回归，回归结果如表 6-7 所示，可以看出，*Lamda* 与当期、未来一期和未来两期上市公司的发明专利申请数量均在 1% 的水平上显著为负，说明有必要进行内生性修正。在修正了内生性之后，*Doins* 的回归系数均仍在 1% 的水平上显著为正，表明董责险的引入可以显著增加当期、未来一期和未来两期上市公司的创新水平，证明了本章回归结果具有稳健性。

表 6-7　Heckman 第二阶段回归结果

变量	(1)	(2)	(3)
	Patent	Patent (T+1)	Patent (T+2)
Doins	0.528 ***	0.558 ***	0.509 ***
	(3.43)	(3.36)	(2.73)
SOE	-0.038 *	-0.027	-0.027
	(-1.73)	(-1.14)	(-1.04)
Size	0.515 ***	0.521 ***	0.527 ***
	(48.71)	(44.40)	(40.90)
Lev	-0.004 ***	-0.004 ***	-0.004 ***
	(-5.23)	(-4.57)	(-4.20)
Age	-0.132 ***	-0.151 ***	-0.170 ***
	(-4.08)	(-4.23)	(-4.38)
Cashflow	0.002 ***	0.003 ***	0.003 ***
	(2.96)	(4.34)	(5.42)
Gasset	-0.001 ***	-0.000	-0.000
	(-4.58)	(-1.35)	(-1.48)

续表

变量	(1)	(2)	(3)
	Patent	*Patent* (*T*+1)	*Patent* (*T*+2)
Wkcapital	0.000	0.001	0.001
	(0.53)	(1.07)	(0.89)
Tangibility	-0.005***	-0.005***	-0.006***
	(-5.61)	(-5.39)	(-5.33)
Lamda	-0.262***	-0.284***	-0.261***
	(-3.41)	(-3.38)	(-2.72)
Year FE	YES	YES	YES
Industry FE	YES	YES	YES
N	16549	14202	12137
adj. R^2	0.363	0.360	0.358

注：括号内数字为 t 值；*** $p<0.01$，** $p<0.05$，* $p<0.1$。

（二）使用匹配样本：倾向得分匹配法（PSM）

由于引入董事高管责任险的公司样本占总样本的比例较低，为了进一步控制样本选择偏差，本章采用倾向得分匹配法（PSM）进行分析。匹配的具体过程如下：首先，以 Heckman 第一阶段回归用到的所有控制变量对分组变量 *Doins* 进行 Logit 回归，以预测值作为得分，如果两家企业得分相近，说明这两家企业的创新特征和建站可能性相似。其次，笔者采用最近邻匹配法，按照 1:2 的比例进行控制组的选取和匹配。最后，笔者得到基于 PSM 方法的匹配样本。此外，匹配后平行假设的检验结果表明，匹配后所有变量的标准化偏差均大幅缩小，且均小于 10%，而且 t 检验结果也都不能拒绝处理组与控制组无系统差异的原假设，最后的联合检验结果也不能拒绝原假设（LR chi2 值为 41.10，p 值为 0.991），从而通过了平行假设检验。将匹配好的样本代入模型（6-1）进行回归，结果如表 6-8 所示。可以看出，*Doins* 对未来一期和未来两期上市公司发明专利申请数量的回归系数分别在 1% 和 5% 的水平上显著为正，但对当期并不显著。表明在使用匹配样本进一步控制样本选择偏差的情况下，董责险的引入仍然可以显著提高未来一期和未来两期上市公司的创新水平。

表 6－8　倾向得分匹配法的回归结果

变量	(1)	(2)	(3)
	Patent	Patent（T+1）	Patent（T+2）
Doins	0.080	0.211 ***	0.210 **
	(1.63)	(2.62)	(2.26)
SOE	-0.094	0.040	-0.098
	(-1.53)	(0.40)	(-0.86)
Size	0.615 ***	0.636 ***	0.700 ***
	(28.46)	(18.32)	(18.12)
Lev	-0.008 ***	-0.002	-0.009 **
	(-3.70)	(-0.64)	(-2.44)
Age	-0.323 ***	-0.258 *	-0.115
	(-3.52)	(-1.89)	(-0.78)
Cashflow	0.001	0.004	-0.002
	(0.54)	(1.53)	(-0.56)
Gasset	-0.002 **	-0.002	0.000
	(-2.03)	(-0.95)	(0.20)
Wkcapital	-0.003	-0.001	-0.007 *
	(-1.38)	(-0.38)	(-1.94)
Tangibility	-0.004	-0.004	0.001
	(-1.54)	(-1.07)	(0.20)
Year FE	YES	YES	YES
Industry FE	YES	YES	YES
N	2395	1075	914
adj. R^2	0.515	0.631	0.623

注：括号内数字为 t 值；*** $p<0.01$，** $p<0.05$，* $p<0.1$。

（三）改变企业创新的衡量变量

一方面，笔者根据发明专利、实用新型专利和外观设计专利，对企业创新按贡献程度不同分别分配 3∶2∶1 的权重，用 3 种专利加权总数加 1 的自然对数来衡量企业创新，重新代入模型（6－1）进行回归，结果如

表6－9 前3 列所示。可以看出，董责险虚拟变量（*Doins*）的回归系数至少在5%的水平上显著为正，表明董责险的引入可以显著增加当期、未来一期和未来两期上市公司的创新水平。另一方面，笔者用发明专利授权数量衡量企业创新，重新代入模型（6－1）进行回归，结果如表6－9 后3 列所示。可以看出，在后3 列中，董责险虚拟变量（*Doins*）的回归系数均在5%的水平上显著为正，表明董责险的引入可以显著增加当期、未来一期和未来两期上市公司的发明专利授权数量。

表6－9 改变企业创新衡量变量的回归结果

变量	(1)	(2)	(3)	(4)	(5)	(6)
	Patent_Weight	Patent_Weight (T+1)	Patent_Weight (T+2)	Patent_Grant	Patent_Grant (T+1)	Patent_Grant (T+2)
Doins	0.182**	0.212***	0.259***	0.105**	0.129**	0.122**
	(2.34)	(2.60)	(3.08)	(2.03)	(2.31)	(2.00)
SOE	−0.111**	−0.082	−0.134**	−0.000	0.034	0.003
	(−2.14)	(−1.49)	(−2.35)	(−0.01)	(1.11)	(0.08)
Size	0.549***	0.488***	0.408***	0.252***	0.221***	0.174***
	(25.74)	(20.22)	(15.32)	(21.25)	(16.13)	(11.19)
Lev	−0.004***	−0.003**	−0.001	−0.003***	−0.002**	−0.001
	(−3.38)	(−2.09)	(−0.96)	(−4.78)	(−2.29)	(−1.27)
Age	0.235**	0.302**	0.337***	0.054	−0.027	−0.048
	(2.13)	(2.52)	(2.61)	(0.80)	(−0.35)	(−0.59)
Cashflow	−0.000	0.000	0.002***	0.001**	0.001*	0.000
	(−0.34)	(0.15)	(3.10)	(2.27)	(1.87)	(0.25)
Gasset	−0.001***	−0.001**	−0.000	−0.001***	−0.000	−0.000
	(−4.96)	(−2.15)	(−0.27)	(−6.05)	(−1.52)	(−0.73)
Wkcapital	−0.002**	−0.000	0.001	−0.001	0.000	0.001
	(−2.46)	(−0.10)	(0.94)	(−1.45)	(0.53)	(1.23)
Tangibility	0.004***	0.005***	0.006***	0.000	0.001*	0.003***
	(3.35)	(3.94)	(4.41)	(0.02)	(1.86)	(3.53)
Year FE	YES	YES	YES	YES	YES	YES
Industry FE	YES	YES	YES	YES	YES	YES

续表

变量	(1) Patent_Weight	(2) Patent_Weight (T+1)	(3) Patent_Weight (T+2)	(4) Patent_Grant	(5) Patent_Grant (T+1)	(6) Patent_Grant (T+2)
Firm FE	YES	YES	YES	YES	YES	YES
N	22085	19202	16807	22085	19218	16824
adj. R^2	0. 687	0. 707	0. 720	0. 607	0. 620	0. 629

注：括号内数字为 t 值；*** $p<0.01$，** $p<0.05$，* $p<0.1$。

六、影响机制分析

（一）风险承担渠道

董事高管责任保险对企业管理者存在激励效应，有助于调节管理者的风险规避特征，从而使其积极承担风险。风险承担水平高的管理层往往对创新风险和不确定性的容忍程度更高，并在很大程度上影响并决定着企业创新决策的制定过程。为了验证董责险的引入是否通过风险承担渠道促进了企业创新，笔者设定如下模型：

$$Risk_{i,t} = \beta_0 + \beta_1 \times Doins_{i,t} + \beta_2 \times Control_{i,t} + \sum Year + \sum Industry + \varepsilon_{i,t} \tag{6-3}$$

在模型（6－3）中，笔者分别用总资产回报率的波动性（*Risk*1）和股票回报率的波动性（*Risk*2）来衡量企业的风险承担水平。回报率的波动性为企业经行业调整后的回报率在 3 年内的标准差。其中，经行业调整的回报率等于企业当年的回报率与当年该企业所处行业所有企业回报率的差值。笔者分别用风险承担水平的当期、未来一期和未来两期作为因变量。同时控制了股权集中度（*Cr5*）、董事会规模（*Boardsize*）、股权属性（SOE）、公司规模（*Size*）、资产负债率（*Lev*）、总资产增长率（*Gasset*）、公司年龄（*Age*），并控制了行业和年份固定效应。回归结果如表 6－10 所示，在前 3 列中，当用总资产回报率的波动性衡量风险承担时，*Doins* 的回归系数至少在5%的水平上显著为正。在后3列中，当用股票回报率的波动性衡量风险承担时，*Doins* 的回归系数分别在5%和10%的水平上显著为正。以上结果表明，董责险的引入显著提高了企业当期、未来一期和未来两期的风险承担水平，风险承担是董责险影响企业创新的一个重要渠道。此外，在控制变量中，股权集中度（*Cr*5）对风险承担（*Risk*1）的回归系数均在1%的水平上显著为正，而股权属性（SOE）在所有回归结果中的系数均在1%的水平上显著为负。表明股权结构对上市公司的风险承担有着显著的影响，股权集中度越高，越有利于缓解管理层与股东之间的代理冲突，提高管理层的风险承担水平。相对于非国有企业，国有企业的风险承担水平更低。

表6－10　风险承担渠道的回归结果

变量	(1)	(2)	(3)	(4)	(5)	(6)
	*Risk*1	*Risk*1(T+1)	*Risk*1(T+2)	*Risk*2	*Risk*2(T+1)	*Risk*2(T+2)
Doins	0.018**	0.024**	0.028***	0.250**	0.235**	0.225*
	(2.11)	(2.54)	(2.78)	(2.48)	(2.18)	(1.88)
*Cr*5	0.001***	0.001***	0.001***	0.001	−0.001	−0.002
	(3.95)	(3.77)	(4.15)	(0.84)	(−0.66)	(−0.87)
Boardsize	0.000	−0.000	−0.001	−0.045***	−0.031**	−0.013
	(0.33)	(−0.17)	(−0.84)	(−3.10)	(−1.97)	(−0.71)
SOE	−0.025***	−0.027***	−0.026***	−0.204***	−0.222***	−0.284***
	(−5.32)	(−5.53)	(−4.86)	(−3.43)	(−3.59)	(−4.19)
Size	−0.017***	−0.021***	−0.024***	−0.870***	−0.924***	−0.855***
	(−7.47)	(−8.71)	(−9.62)	(−24.28)	(−24.54)	(−21.49)
Lev	0.001***	0.001***	0.001***	0.043***	0.048***	0.044***
	(7.00)	(8.53)	(7.24)	(18.57)	(19.08)	(16.95)
Gasset	0.001***	0.000	0.000	−0.000	−0.003***	−0.006***
	(9.80)	(1.55)	(1.45)	(−0.57)	(−3.84)	(−10.03)
Age	−0.017**	−0.025***	−0.030***	0.526***	0.375***	0.399***
	(−2.23)	(−3.23)	(−3.63)	(6.43)	(4.41)	(4.37)
Year FE	YES	YES	YES	YES	YES	YES
Industry FE	YES	YES	YES	YES	YES	YES
N	18966	17821	15537	20618	18073	15589

续表

变量	(1)	(2)	(3)	(4)	(5)	(6)
	*Risk*1	*Risk*1(T+1)	*Risk*1(T+2)	*Risk*2	*Risk*2(T+1)	*Risk*2(T+2)
adj. R^2	0.159	0.144	0.137	0.148	0.167	0.159

注：括号内数字为 t 值；*** p<0.01，** p<0.05，* p<0.1。

（二）公司战略渠道

已有研究发现，公司管理层在战略决策上对风险的偏好程度越高，则企业的创新绩效表现越突出，企业的战略行为对创新有着显著影响。为了验证董责险的引入是否通过公司战略渠道促进了企业创新，笔者设定如下模型：

$$Patent_{i,t} = \beta_0 + \beta_1 \times Doins_{i,t} + \beta_2 \times Strategy_{i,t} + \beta_3 \times Doins_{i,t} \times Strategy_{i,t} + \beta_4 \times Control_{i,t} + \sum Year + \sum Industry + \varepsilon_{i,t} \quad (6-4)$$

模型（6-4）中，变量 *Strategy* 为衡量企业战略风格的虚拟变量，当企业战略风格激进时取值为 1，战略风格保守时为 0。交乘项的系数 β_3 反映了在不同战略风格的企业中董责险的引入对企业创新影响的差异。若 β_3 显著为负，则表明相对于战略风格激进的公司而言，战略风格保守的公司引入董责险后对企业创新的促进作用更大，董责险的引入可以有效缓解保守战略对企业创新的制约作用。虚拟变量 *Strategy* 的构建过程如下：首先，计算出公司综合的战略得分（6～30 分）；其次，将战略得分区间在（6～18）的公司定义为保守型战略风格，将战略得分区间在（19～30）的公司定义为激进型战略风格。综合战略得分的计算过程分为三步：第一步，初步处理衡量公司战略的 6 个财务指标：①研发支出占销售收入的比重。②员工人数与销售收入的比重。③销售收入的历史增长率。④销售费用和管理费用占销售收入的比重。⑤员工人数的波动性。⑥固定资产占总资产的比重。处理方法：除研发支出比例取当年值以外，其余 5 个指标取过去 5 年的移动平均值。第二步，对前 5 个指标在每一个“年度—行业”划分 5 分位数，第 1 分位数赋值为 1 分，以此类推，第 5 分位数赋值为 5 分。第 6 个指标是公司战略激进程度的反向指标，第 1 分位数赋值为 5，第 5

分位数赋值为1。第三步，对所有6个指标的得分进行加总，最终得到一个6~30分的综合战略得分，得分越高，表明公司战略越激进。模型(6-4)的回归结果如表6-11所示，可以看出，在3列结果中，交乘项的回归系数分别在1%和5%的水平上显著为负，表明相对于战略风格激进的公司而言，战略风格保守的公司引入董责险后对企业创新的促进作用更大，董责险的引入可以有效缓解保守战略对企业创新的制约作用，公司战略是董责险影响企业创新的另一个重要渠道。

表6-11 公司战略渠道的回归结果

变量	(1)	(2)	(3)
	Patent	*Patent* (T+1)	*Patent* (T+2)
Doins × *Strategy*	-0.255*** (-3.09)	-0.312*** (-3.43)	-0.243** (-2.45)
Doins	0.124** (2.37)	0.128** (2.22)	0.103 (1.64)
Strategy	0.348*** (19.84)	0.355*** (18.18)	0.338*** (15.55)
SOE	0.014 (0.69)	0.026 (1.16)	0.021 (0.84)
Size	0.538*** (58.74)	0.543*** (53.38)	0.544*** (48.62)
Lev	-0.003*** (-3.49)	-0.002*** (-2.95)	-0.002*** (-2.63)
Age	-0.106*** (-3.48)	-0.122*** (-3.64)	-0.147*** (-3.98)
Cashflow	0.002*** (3.05)	0.003*** (4.67)	0.004*** (5.82)
Gasset	-0.001*** (-6.10)	-0.001** (-2.49)	-0.000 (-1.24)
Wkcapital	0.002** (2.31)	0.002** (2.40)	0.002* (1.96)

续表

变量	(1)	(2)	(3)
	Patent	*Patent* (*T*+1)	*Patent* (*T*+2)
Tangibility	-0.001	-0.001	-0.001
	(-0.69)	(-0.90)	(-1.19)
Year FE	YES	YES	YES
Industry FE	YES	YES	YES
N	18554	15795	13367
adj. R^2	0.370	0.367	0.362

注：括号内数字为t值；*** $p<0.01$，** $p<0.05$，* $p<0.1$。

七、本章主要研究结论

本章以2000—2016年沪深A股上市公司为研究样本，实证研究发现董责险的引入显著提高了企业创新水平。在经过Heckman两阶段法和倾向得分匹配法（PSM）等一系列稳健性检验后，该结论依然成立。通过进一步的机制分析发现，董责险的引入主要通过风险承担渠道和公司战略渠道影响企业创新。以上结果表明，董责险的引入对企业管理者存在激励效应，提高了管理层的风险承担水平，并且有效缓解了保守战略对企业创新的制约作用，从而符合“激励效应假说”。

本章研究结果从董事责任保险的独特视角提供了影响企业创新的实证证据，从而有可能增进研究者们对企业创新影响因素的理解。另外，本章提供的实证证据也表明，董事责任保险在中国资本市场中仍然是一种较为有效的公司治理机制的经验证据，这一研究结论不仅为董事责任保险的功能提供了实证上的支持，而且为如何通过改善公司治理促进企业创新水平提供了政策参考。此外，尽管中国的董事责任保险市场在过去10年有了快速发展，然而和发达市场相比，其保险覆盖率仍然较低。因此，本章作为保险、公司治理和企业创新等领域的交叉研究，有可能促使理论界、立法机构和监管当局重新思考公司的董事责任保险决策如何通过影响公司的治理水平影响企业创新，从而为今后监管部门制定推动董事责任保险市场发展的相关政策提供参考。

第七章　董责险对公司诉讼风险与自愿性信息披露的影响研究

本章概要：

诉讼成本假说得到了国外学者的广泛关注和实证检验，并存在激烈争论，而我国学术界却鲜见相关的实证研究。本章以2002—2017年A股上市公司为研究样本，基于PSM方法研究发现：①上市公司购买董事高管责任保险后显著降低了自愿性信息披露水平，从而识别出了诉讼风险对自愿性信息披露具有正向影响的因果关系；②诉讼风险和代理冲突越大，董事高管责任保险对自愿性信息披露的负向影响就越显著。本章提供了中国情境下的诉讼成本假说的新证据，拓展了董事高管责任保险经济后果和治理效应的研究。

一、引　言

自愿性信息披露（下文简称自愿性披露）是指除强制性披露的信息之外，上市公司基于投资者关系、公司形象和降低诉讼风险等动机主动披露的信息。不同于证券监管部门及证券交易所要求上市公司必须实施的强制性信息披露，自愿性披露并不属于上市公司必须完成的“规定动作”，却会增加上市公司的各项成本，甚至可能因为引发投资者的误读而遭受投资者诉讼。因此，关于管理层自愿性披露的动机受到研究者们的广泛关注。

Healy和Palepu（2001）将管理层自愿性披露的动机概括为六大假说，

分别是资本市场交易假说、控制权竞争假说、股票薪酬计划假说、管理者才能信号假说、专业化成本假说和诉讼成本假说。受到 LLSV（1997，1998，2000）及其引领的“法与金融”文献开始挖掘微观企业层面行为的影响，诉讼成本假说在最近的十几年里得到了国外学者的持续关注和实证检验，但研究结论却大相径庭甚至完全相反，例如，Field 等（2005）、Wynn（2008），Levy 等（2017）和 Naughton 等（2019）的研究表明诉讼风险与自愿性披露水平显著正相关。然而 Rogers 和 Van Buskirk（2009），Bourveau 等（2017）的研究却表明诉讼风险的增加反而降低了自愿性披露水平。相对于国外丰富的研究成果和激烈争论，我国学术界鲜见诉讼风险与自愿性披露关系的实证研究。其中可能的一个重要原因是，不同于英美法系国家普遍存在的高诉讼风险，我国长期以来相对不完善的法制环境造成中国上市公司实际上很少被指控诉讼，因而面临的诉讼风险也一直很低。但从 2006 年开始，随着新证券法和新公司法的同时发布生效，中国的法律环境发生了明显变化（刘启亮等，2013）。新的法律法规对公司和管理层需要承担的民事赔偿责任和诉讼程序作了更为明确的规定，将董事高管可能承担的潜在诉讼风险转变为可预期的现实诉讼风险。特别是近年来，国内上市公司由于虚假披露而招致股东诉讼的案件时有发生，如引人注目的祥源文化（600576）股东诉讼案等。因此，我国制度转型和诉讼风险不断上升的特殊国情，为诉讼成本假说提供了极好的检验情境。

虽然诉讼风险与自愿性披露存在理论上的关联，但要想在实证研究中准确识别出其中的因果关系却面临挑战，特别是诉讼风险和自愿性披露之间存在互为因果的内生性问题（Field et al.，2005）。为了克服内生性的干扰，笔者将通过研究上市公司购买董事高管责任保险后自愿性披露的变化，来识别诉讼风险与自愿性披露之间的因果关系。具体识别策略如下：上市公司购买董责险后转嫁了董事高管应承担的民事赔偿责任，因而降低了公司和高管面临的诉讼风险，因此可以将其看作诉讼风险的一个“外生冲击”。考虑到公司的信息披露行为并不会直接影响董责险的购买决定，通过研究董责险对自愿性披露的影响，可以缓解互为因果的内生性问题。

此外，考虑到是否购买董责险是公司的自主选择行为，因而存在一定的选择性。因此，在研究设计中，笔者将采用倾向得分匹配法（PSM）来克服选择性问题对本章因果识别的干扰。

本章以2002—2017年沪深A股上市公司为初始样本，基于PSM匹配后的2550个样本，在控制了选择性偏误后研究发现：①平均处理效应、多元回归分析以及基于工具变量法的稳健性检验结果均表明，上市公司购买董责险后显著降低了自愿性披露水平，从而识别出了诉讼风险对自愿性披露具有正向影响的因果关系。②影响机制分析表明，公司面临的诉讼风险和代理冲突越大，董责险对自愿性披露的负向影响就越显著。具体而言，随着2006年新法规颁布以来诉讼风险的不断增大，董责险对自愿性披露的负向影响也在逐渐增强。并且截面分组回归结果也显示，董责险对自愿性披露的负向影响在高诉讼风险和高代理冲突样本组中更加显著。

本章的研究贡献在于：第一，本章通过基于PSM的研究设计考察了董责险对自愿性披露的影响，从而在控制反向因果和选择性偏误等内生性问题的基础上，识别出了诉讼风险和自愿性披露之间更为清晰的因果关系，提供了来自中国情境下的诉讼成本假说的新证据。第二，国外最新的研究开始从利益相关者参与治理的视角研究自愿性披露的影响因素（Tsang et al.，2019；Baloria et al.，2019），本章从保险合约的视角研究了保险公司这一重要利益相关者通过治理效应影响自愿性披露的证据，进一步丰富了这方面的研究。第三，拓展了董责险的经济后果和治理效应的相关研究。本章从自愿性披露视角切入，提供了董责险机会主义假说的新证据，从而进一步拓展了现有文献分别从市场绩效（Chalmers et al.，2002）、并购绩效（Lin et al.，2011）、债务成本（Lin et al.，2013）、股权成本（Chen et al.，2016）和审计费用（袁蓉丽等，2018）等视角研究的边界。

本章余下内容结构安排如下：第二部分对相关文献进行综述，并提出研究假设；第三部分介绍了变量定义与数据来源、样本分布情况以及PSM方法；第四部分报告了基本实证结果和稳健性检验；第五部分分析了影响机制；最六部分总结全章。

二、相关理论研究与研究假设的提出

（一）文献综述

1. 董责险的需求动因与治理效应

现有文献主要基于诉讼风险和公司治理风险，研究了董责险市场的逆向选择行为和需求动因（Core，1997；Gillan and Panasian，2015），发现公司面临的诉讼风险和公司治理风险越大，购买董责险的积极性和可能性就越高。一方面，从诉讼风险来看，早期的研究如 Core（1997）发现，更容易陷入财务困境的公司由于面临的诉讼风险更高，因而购买董责险的可能性就越大。Gillan 和 Panasian（2015）进一步发现董责险的购买反映了高管的机会主义和道德风险，公司面临的诉讼风险越高，董责险的需求越大。在近期研究中，Park（2018）利用韩国立法变更导致诉讼风险增加的外生冲击发现，在立法变更之后董责险的需求显著增加，并且在高诉讼风险行业以及股东与管理层代理冲突较大的公司，董责险需求的增加更为显著。另一方面，公司治理风险越高（代理冲突越严重），董责险需求也越大。在"一股独大"的中国上市公司，大股东和中小股东之间的代理冲突是影响公司治理风险和董责险需求的主要因素。例如，Zou 等（2008）发现，大股东的关联交易、利益侵占等掏空行为加剧了控股股东与中小股东之间的利益冲突，提高管理层面临的诉讼风险，因而代理冲突越大的公司更倾向于通过购买董责险来规避诉讼风险带来的潜在损失。然而在发达国家，上市公司的股权结构高度分散，此时股东和管理层之间的代理冲突是公司治理风险的主要方面，并显著影响着董责险需求。例如，Core（1997）发现管理层防御（Managerial Entrenchment）程度越严重，购买董责险的可能性就越大。具体而言，高管持股比例越高因而越能和股东利益保持一致时，购买董责险的可能性就越小。而高管的投票控制权越多因而越有利于管理层防御并忽略外部股东利益时，购买董责险的倾向就越大。

董责险的治理效应，是指购买董责险后诉讼风险的降低会通过法律诉讼的公司治理机制对董事高管的激励约束和经营行为产生重要影响。关于董责险的实际治理效应，国内外学者进行了激烈的争论，并得出了两种截然相反的观点：机会主义假说和激励效应假说。机会主义假说认为，董责险将董事高管面临的潜在诉讼风险转嫁给了保险公司，因而弱化了法律诉讼的约束机制和威慑效果，从而可能激发董事高管的机会主义行为和道德风险。例如，Chalmers 等（2002）发现企业 IPO 时的董责险覆盖率越高，IPO 三年后的市场绩效就越差。Lin 等（2011，2013）分别从并购绩效和债务成本两个角度进一步验证了董责险的机会主义假说。在近期的研究中，Chen 等（2016）发现董责险的购买显著增加了上市公司的股权成本。袁蓉丽等（2018）发现董责险诱发和加剧了董事高管的机会主义行为，提高了审计费用。然而激励效应假说则认为，董责险具有“兜底效应”，能够解除董事高管由于疏忽和过失行为导致被诉的后顾之忧，从而激发高管的工作激情，鼓励其积极进取、大胆创新经营。例如，在最新的研究中，文雯（2017）发现董责险的激励效应显著提升了企业的风险承担水平；凌士显和白锐锋（2017）发现董责险显著降低了上市公司的两类代理成本；袁蓉丽等（2018）发现董责险显著减少了公司的财务重述行为。

2. 自愿性披露动机与诉讼成本假说

自愿性披露的动机可以概括为以下六个方面（Healy and Palepu，2001）：第一，资本市场交易假说（Capital Markets Transactions Hypothesis）。自愿性披露有利于降低公司内部管理层与外部投资者之间的信息不对称程度，从而降低资本成本。第二，控制权竞争假说（Corporate Control Contest Hypothesis）。管理层为了防止因较差的市场业绩而丧失控制权，会自愿披露更多的信息以避免公司价值被市场低估。例如，Bourveau 和 Schoenfeld（2017）发现当公司面临积极投资者的威胁时，管理层会更频繁地发布盈余预测信息，并且这些增加的信息披露降低了成为积极投资者目标的可能性。第三，股票薪酬计划假说（Stock Compensation Hypothesis）。管理层薪酬包括以股价为基础的薪酬计划，如授予的股票期权等。这些股票薪酬计划会激励管理层向市场披露信息以提高股票市场绩效，从而最大化自身薪酬。第四，管理者才能信号假说（Management Talent Signaling Hypothesis）。管理层有动机通过自愿性披露向市场传递自身才能的信号。第五，专业化成本假说（Proprietary Cost Hypothesis）。管理层为了避免降低公司的市场竞争力，有动机进行选择性的信息披露（张学勇、廖理，2010）；第六，诉讼成本假说（Litigation Cost Hypothesis）。管理层面临的诉讼风险（诉讼成本）对自愿性披露有着重要影响，包括以下两个方面：一方面，诉讼风险的增加有可能提高自愿性披露水平，特别是坏消息的披露水平。Skinner（1994，1997）的研究表明坏消息的提前披露可以减少后续被诉的可能性。Field 等（2005）进一步通过建立联立方程模型控制了内生性后，更为稳健地发现自愿性披露确实减少了后续诉讼案件的发生。因此，当公司面临较高的诉讼风险时，管理层倾向于通过提前披露坏消息来降低投资者的乐观预期，以避免投资者在股票投资中因遭受损失而发起诉讼。Wynn（2008）以同时在美国交叉上市的加拿大公司为研究对象，发现在法律责任保险覆盖率越高因而诉讼风险越低的公司中，发布坏消息盈余公告的可能性就越低。在近期的研究中，Levy 等（2017）发现，当公司 CFO 发现其面临的个人诉讼风险增加时，会倾向于更早地披露坏消息，并且披露地也更为保守。Naughton 等（2019）的研究也表明，当预期诉讼成本增加时，公司的自愿性披露水平也会显著增加。另一方面，诉讼风险的增加也有可能降低自愿性披露水平，特别是预测性信息的披露（如盈余预测）水平。预测性信息可能会由于经济形势变化等不确定性因素而产生预测偏差，事前披露的好消息事后可能会因为估计错误而导致股价下跌并给投资者带来损失而被诉。因此，当面临的诉讼风险较高时，理性的管理层倾向于减少预测性信息的披露，特别是好消息的发布。例如，Rogers 和 Van Buskirk（2009）发现，当原先出自善意的信息披露却导致被诉后，管理层会改变信息披露的态度和倾向，进而降低自愿披露水平。Bourveau 等（2017）发现，当公司面临的诉讼风险因 UD 法案的通过而下降时，管理层的自愿性披露水平显著提高。

此外，国外最新的研究开始从利益相关者参与公司治理的视角研究自愿性披露的影响因素，例如，Tsang 等（2019）发现外国机构投资者可以有效发挥治理作用，从而改善了管理层的自愿性披露行为。Baloria 等（2019）的研究表明，股东积极主义可以通过股东提案表达对公司信息披露的诉求，并提高了自愿性披露水平。

3. 文献述评

综观现有文献，诉讼成本假说受到了国外学者的广泛关注，但研究结论却大相径庭甚至完全相反。其中一个重要原因就是诉讼风险和自愿性披露之间存在互为因果的内生性问题，从而影响了因果识别（Field et al.，2005）。一方面，自愿性披露可能减少或增加后续的诉讼风险（Field et al.，2005；Skinner，1997；Skinner，1994）；另一方面，诉讼风险也可能通过直接效应和间接治理效应影响自愿性披露（Bourveau et al.，2017）。因此，如何克服内生性的干扰、准确识别出诉讼风险和自愿性披露之间清晰的因果关系，是亟须解决的问题。

（二）董责险影响自愿性披露的研究假设

下面笔者将从直接效应和间接治理效应两个方面，对董责险影响自愿性披露的理论逻辑进行推演（Bourveau et al.，2017），并提出本章的研究假设。

直接效应，是指购买董责险后诉讼风险的降低可以直接改变信息披露带来的边际成本和边际收益，进而影响管理层激励和信息披露行为。因为法律诉讼会给公司和董事高管带来声誉损失、精力耗费、保费增加和诉讼赔偿等各项成本（Bourveau et al.，2017），而信息披露又会显著影响法律诉讼的可能性（Field et al.，2005；Skinner，1997；Skinner，1994），当预期信息披露将导致更多的法律诉讼时，管理层会倾向于减少自愿性披露。相反，当预期信息披露将减少后续被诉的可能时，管理层会倾向于增加自愿性披露。具体而言，当公司购买董责险从而导致诉讼风险降低时，信息披露带来的边际收益（如坏消息的披露可能降低后续被诉的可能性和诉讼成本）和边际成本（如预测性信息的披露可能增加后续被诉的可能性和诉讼成本）也会减少，因而影响了管理层的激励和信息披露行为。

从间接治理效应来看，法律诉讼是重要的公司治理机制（Ferris et al.，2007），因此购买董责险后诉讼风险的降低会对高管的激励约束和经营行为产生重要影响，进而影响自愿性披露。一方面，如果董责险激发了高管的机会主义行为和道德风险，则会减少自愿性披露。因为资本市场的不透明将有利于高管从股东那里攫取更多的私人利益（Ferreira and Laux，2007）。因此，机会主义的增加将减少管理层的自愿性披露，以提高控制权私利。另一方面，如果董责险发挥了激励效应，则会增加自愿性披露。原因在于：董责险解除了董事高管由于疏忽和过失行为导致被诉的后顾之忧，有助于缓解高管的风险厌恶情绪，并使其积极承担风险（文雯，2017）。因此，董责险的激励效应将有助于董事高管勇于承担诉讼风险、积极进取，进而增加了自愿性披露。

基于以上分析，本章提出两个相互竞争的待检验假设：

假设1：如果董责险的直接效应和间接治理效应的净效应为正，那么董责险将显著提高管理层的自愿性披露水平。

假设2：如果董责险的直接效应和间接治理效应的净效应为负，那么董责险将显著降低管理层的自愿性披露水平。

三、研究设计

公司是否购买董责险存在一定的选择性，从而导致估计偏误。例如，如果诉讼风险与自愿性披露正相关，那么选择性偏误将导致董责险对自愿性披露的经济效应被高估（购买董责险一方面通过降低诉讼风险减少了自愿性披露；另一方面购买董责险的企业可能本身诉讼风险就更高，因而进一步放大了对自愿性披露的影响），因此，笔者将采用倾向得分匹配法（PSM）来控制选择性偏误。下面笔者将基于PSM的研究设计，从相关变量定义与数据来源、董责险及自愿性披露的分布情况以及PSM方法应用三个方面进行阐述。

（一）变量定义与数据来源

1. 自愿性披露

关于自愿性披露的测度指标，国外文献大多采用管理层的盈余预测（Bourveau and Schoenfeld，2017；Bourveau et al.，2017；Wynn，2008）。因为作为一种重要的自愿性披露工具，管理层的盈余预测可以在很大程度上解释股票收益率的变动，也是分析师进行业绩预测和推荐股票的重要依据，对资本市场各参与主体特别是投资者具有重要意义（Bourveau et al.，2017）。与国外相比，中国上市公司的盈余预测，即业绩预告制度比较特殊，属于强制性预告与自愿性预告共存的模式。例如，深圳证券交易所股票上市规则（2018 年修订）规定，上市公司预计全年度、半年度、前三季度经营业绩将出现净利润为负值、净利润同比变化 50% 以上，以及实现扭亏为盈三种情形之一的，应当及时进行业绩预告。但在其他情况下，是否发布业绩预告、发布的时间和方式，则给管理层保留了较大的自由裁量权。因此，根据相关政策规定并借鉴现有研究（袁振超等，2014），本章将业绩预告类型为“扭亏”“续亏”“首亏”“预减”（减少 50% 以上）和“预增”（增加 50% 以上）的业绩预告定义为强制性预告，将预告类型为“略增”“略减”和“续盈”的样本定义为自愿性预告。以自愿性预告样本为基础，本章构建了两个指标来衡量上市公司的自愿性披露水平：①是否发布自愿性预告（OCCUR），当年发布了自愿性预告则取值为 1，否则为 0；②自愿性预告发布频率（FREQ），当年发布自愿性预告的次数。

2. 核心解释变量与主要控制变量

核心解释变量为是否购买董责险（*Doins*），定义为当年若购买了董责险则取值为 1，否则为 0。借鉴现有文献（Bourveau et al.，2017；张学勇、廖理，2010），笔者控制了一系列可能影响自愿性披露的公司财务特征、公司治理特征以及制度环境特征变量。财务特征变量包括：公司规模（*Size*），年末总资产的自然对数；销售收入增长率（*Sales Growth*），本年销售收入与上年销售收入的差与上年销售收入的比值，衡量了公司的成长性；总资产利润率（ROA），净利润与总资产平均余额的比值；资产负债率（*Debt Ratio*），负债总额与资产总额的比值。公司治理特征变量包括：是否为国有企业（SOE），控股股东为中央或地方国有企业时为1，否则为0；是否两职合一（*Dual*），董事长和总经理由同一人兼任时取值为1，否则为0；股权集中度（*Cr*1），第一大股东持股数量占总股本的比例；独立董事比例（*IndDir Ratio*），独立董事人数占董事会总人数的比例。制度环境特征变量包括：所属证券交易所（*Shanghai List*），在上海证券交易所上市时取值为1，否则为0。沪、深交易所是上市公司信息披露规则制定和监管的重要主体，会分别出台具有针对性的相关文件，因此所属证券交易所类型将会影响自愿性披露。地区制度环境（*Market Index*），用王小鲁等（2017）编制的《中国分省份市场化指数报告（2016）》中的市场化总指数来衡量。该报告中只给出了2008—2014年的数据，考虑到一个地区的制度环境一般较为稳定，为了保留尽可能多的样本，笔者将2014年之后的样本用2014年的数据替代，2008年以前的样本用2008年的数据替代。此外，本章还控制了年度固定效应和行业固定效应。

3. 匹配变量的选择

匹配变量的选择是PSM方法的关键，而董责险的需求动因理论则为笔者选择合适的匹配变量提供了坚实的理论基础。现有文献发现诉讼风险和公司治理风险是董责险的两大需求动因（Core，1997；Gillan and Panasian，2015；Park，2018；Zou et al.，2008），因此，笔者借鉴以上文献，分别从这两个视角出发选择匹配变量。从诉讼风险的视角，笔者控制了以下财务特征变量和制度特征变量：公司规模（*Size*），公司规模越大，可能面临越高的诉讼风险，因而对董责险的购买需求就越高。总资产利润率（ROA），公司的短期财务绩效越好，陷入财务困境的概率和面临的诉讼风险就越低，因而对董责险的需求越低。资产负债率（*Debt Ratio*），资产负债率越高，公司面对外部经济冲击的能力就越低，债权人和股东的利益冲突越大，从而增加了诉讼风险和对董责险的需求。销售收入增长率（*Sales Growth*），高成长性的公司面临更高的代理冲突和诉讼风险，因而会对董责险的需求也更高。股票收益率波动性（*Stock RetVol*），股票日收益率的标准差，股价的剧烈波动会带来更高的诉讼风险和董责险需求。地区制度环境（*Market Index*），地区法制越健全，对投资者的保护程度和面临的诉讼风险越高，对董责险需求就越高。从公司治理风险的视角，笔者控制了以下公司治理变量：管理费用率（*Management Cost*），管理费用与营业收入的比值。管理费用率越高，第一类代理冲突越大，对董责险需求就越高。股权集中度（*Cr*1）、是否国有企业（SOE），股权结构对公司治理和代理成本具有重要影响，因而会影响董责险的需求。是否两职合一（*Dual*），总经理是否同时兼任董事长对公司代理冲突有重要影响，从而影响董责险的需求。董事会规模（*Board size*），董事会规模对公司治理和代理成本有着重要影响，从而影响了对董责险的需求。独立董事比例（*IndDir Ratio*），购买董责险的公司往往能够吸引更多优秀的独董，因而独董占比与董责险需求呈正相关。高管是否持股（*Executive Ownership*）、高管薪酬（*Executive Comp*），高管是否持股和高管薪酬是重要的激励机制，从而影响着公司代理成本和董责险需求。最后，匹配变量还包括行业和年度虚拟变量。变量的详细定义参见表7-1。

4. 数据来源

上市公司购买董责险的数据手工收集自Wind金融数据库和CSMAR数据库中的董事会公告以及股东大会决议公告。业绩预告数据来自Wind金融数据库。其他公司财务数据和公司治理数据来自CSMAR数据库。为消除极端值的影响，笔者对所有连续变量进行了上下1%的缩尾处理。

表7-1　变量定义

变量名称	变量符号	变量定义
是否发布自愿预告	OCCUR	当年发布了自愿预告则取值为1，否则为0
自愿预告发布频率	FREQ	当年发布自愿预告的次数
是否购买董责险	*Doins*	当年购买董责险则取值为1，否则为0
所属交易所	*Shanghai List*	在上海证券交易所上市取值为1，否则为0
公司规模	*Size*	年末总资产的自然对数

续表

变量名称	变量符号	变量定义
是否国有企业	SOE	控股股东为中央或地方国企时为1，否则为0
销售收入增长率	*Sales Growth*	（本年销售收入 - 上年销售收入） ÷上年收入
总资产利润率	ROA	净利润÷总资产平均余额
资产负债率	*Debt Ratio*	负债总额/资产总额
是否两职合一	*Dual*	董事长和总经理为同一人时取值为1，否则为0
股权集中度	*Cr*1	第一大股东持股数量占总股本的比例
独立董事比例	*IndDir Ratio*	独立董事人数占董事会总人数的比例
地区制度环境	*Market Index*	王小鲁等（2017）编制的市场化指数总指数
股票收益率波动性	*Stock RetVol*	股票日收益率的标准差
管理费用率	*Management Cost*	管理费用÷营业收入
董事会规模	*Board Size*	董事会总人数
高管是否持股	*Executive Ownership*	高管持股取值为1，否则为0
高管薪酬	*Executive Comp*	高管前三名薪酬总额的自然对数
年度虚拟变量	*Year Dummy*	控制年度
行业虚拟变量	*Industry_ Dummy*	控制行业

（二）董责险及自愿性披露的分布情况

1. 董责险的样本分布

首次购买董责险上市公司的年度和行业分布情况如表7-2所示。在年度分布上，共有31家上市公司从2002年开始首次购买董责险，占比为13.78%。截至2017年年底，共有225家上市公司购买了董责险，占所有A股上市公司总数的比例约为6.5%。从行业分布上看，共有103家制造业公司购买了董责险，占比高达45.78%。其次，购买董责险的金融业上市公司也多达31家，占比为14.22%。

表7-2　首次购买董责险上市公司的年度和行业分布情况

首次购买年度	公司数目/家	占比/%	证监会行业	公司数目/家	占比/%
2002	31	13.78	制造业	103	45.78
2003	13	5.78	金融业	32	14.22

续表

首次购买年度	公司数目/家	占比/%	证监会行业	公司数目/家	占比/%
2004	5	2.22	交通运输、仓储和邮政业	18	8.00
2005	10	4.44	房地产业	17	7.56
2006	5	2.22	批发和零售业	16	7.11
2007	15	6.67	电力、热力、燃气及水生产和供应业	11	4.89
2008	26	11.56	采矿业	9	4.00
2009	9	4.00	信息传输、软件和信息技术服务业	7	3.11
2010	8	3.56	建筑业	4	1.78
2011	6	2.67	文化、体育和娱乐业	2	0.89
2012	20	8.89	科学研究和技术服务业	2	0.89
2013	11	4.89	农、林、牧、渔业	1	0.44
2014	10	4.44	水利、环境和公共设施管理业	1	0.44
2015	13	5.78	租赁和商务服务业	1	0.44
2016	12	5.33	综合	1	0.44
2017	31	13.78			
合计	225	100	合计	225	100

资料来源：根据上市公司董事会公告和股东大会决议公告手工收集完成。

2. 自愿性业绩预告披露的样本分布

表7－3统计了A股上市公司2002—2017年发布自愿性业绩预告的年度分布情况。2002年仅有107家上市公司发布了自愿性预告，占比仅为8.92%。而从2007年开始，随着资本市场和相关制度法规的不断完善，自愿披露业绩预告的上市公司数量逐年递增。到2017年，共有1583家上市公司自愿披露了业绩预告，占据了半壁江山。

表7－3 自愿性业绩预告披露的年度分布

年份	OCCUR = 1	OCCUR = 0	自愿披露占比/%	年份	OCCUR = 1	OCCUR = 0	自愿披露占比/%
2002	107	1093	8.92	2010	475	1630	22.57
2003	166	1104	13.07	2011	844	1497	36.05
2004	160	1196	11.80	2012	1018	1454	41.18

续表

年份	OCCUR = 1	OCCUR = 0	自愿披露占比/%	年份	OCCUR = 1	OCCUR = 0	自愿披露占比/%
2005	61	1291	4.51	2013	1052	1463	41.83
2006	104	1331	7.25	2014	1090	1540	41.44
2007	193	1356	12.46	2015	1220	1603	43.22
2008	277	1326	17.28	2016	1345	1773	43.14
2009	365	1386	20.85	2017	1583	1884	45.66
合计	10126	22861	30.70				

（三）PSM 方法应用

1. 匹配前后的样本分布

考虑到 2002 年是中国董责险市场的元年，参照现有文献的通行做法，本章用于匹配的初始样本为 2002—2017 年所有沪深 A 股上市公司，[②]并删除 ST、PT、金融保险行业和相关变量缺失的公司样本，共计 23139 个初始样本。笔者采用最近邻匹配法，按照 1∶1 的比例进行无放回匹配，得到 2550 个匹配成功的最终样本。匹配前后样本的年度分布情况如表 7 - 4 所示。在匹配之前的初始样本中，董责险样本占比为 5.51%。在匹配之后，每个年度的董责险样本占比均在 50% 左右，合计得到 1275 个董责险样本和 1275 个配对样本。

表 7 - 4　匹配前后样本分布情况

	匹配前				匹配后			
年份	*Doins* = 0	*Doins* = 1	总样本	董责险占比/%	*Doins* = 0	*Doins* = 1	总样本	董责险占比/%
2002	167	6	173	3.47	5	6	11	54.55
2003	259	8	267	3.00	8	8	16	50.00
2004	450	18	468	3.85	14	18	32	56.25
2005	784	37	821	4.51	27	37	64	57.81
2006	939	48	987	4.86	60	48	108	44.44
2007	961	55	1016	5.41	66	55	121	45.45
2008	1050	74	1124	6.58	84	74	158	46.84
2009	1133	82	1215	6.75	83	82	165	49.70

续表

	匹配前				匹配后			
年份	*Doins* =0	*Doins* =1	总样本	董责险占比/%	*Doins* =0	*Doins* =1	总样本	董责险占比/%
2010	1263	84	1347	6.24	76	84	160	52.50
2011	1682	97	1779	5.45	93	97	190	51.05
2012	1972	116	2088	5.56	119	116	235	49.36
2013	2060	119	2179	5.46	108	119	227	52.42
2014	2070	115	2185	5.26	106	115	221	52.04
2015	2199	126	2325	5.42	134	126	260	48.46
2016	2359	138	2497	5.53	146	138	284	48.59
2017	2516	152	2668	5.70	146	152	298	51.01
合计	21864	1275	23139	5.51	1275	1275	2550	50.00

2. 描述性统计分析

匹配后主要变量的描述性统计如表 7－5 所示。变量 OCCUR 的均值为 0.170，表明在匹配之后，约有 17% 的样本发布了自愿性业绩预告。该值低于初始样本的 30.7%，说明在董责险样本中发布自愿性预告的倾向要明显低于非董责险样本，从而在匹配之后拉低了发布自愿性预告倾向的整体均值。变量 FREQ 的均值为 0.340，表明平均来看上市公司每年发布 0.34 次自愿性业绩预告。*Doins* 的均值为 0.500，表明董责险样本占比正好一半。变量 *ShanghaiList* 和 SOE 的均值分别为 0.560 和 0.720，表明超过一半的样本为上海证券交易所上市公司和国有企业。

表 7－5　匹配后主要变量的描述性统计

主要变量	均值	中位数	标准差	最小值	最大值	样本数
OCCUR	0.170	0.000	0.380	0.000	1.000	2550
FREQ	0.340	0.000	0.850	0.000	4.000	2550
Doins	0.500	0.500	0.500	0.000	1.000	2550
ShanghaiList	0.560	1.000	0.500	0.000	1.000	2550
Size	22.950	22.800	1.530	19.430	25.710	2550
SOE	0.720	1.000	0.450	0.000	1.000	2550
Sales Growth	0.180	0.110	0.400	−0.610	2.790	2550

续表

主要变量	均值	中位数	标准差	最小值	最大值	样本数
ROA	0.030	0.030	0.050	-0.180	0.220	2550
Debt Ratio	0.550	0.570	0.190	0.050	0.900	2550
Dual	0.110	0.000	0.310	0.000	1.000	2550
Cr1	0.380	0.362	0.156	0.097	0.758	2550
IndDir Ratio	0.370	0.360	0.050	0.180	0.570	2550
Market Index	7.610	7.810	1.620	0.620	9.950	2550

3. 平行假设检验

PSM 还需要满足平行假设，检验结果如表 7-6 所示。可以看出，匹配后所有变量的标准化偏差均大幅度减小，且均小于5%。此外，t 检验以及联合检验结果也均表明通过了平行假设检验。

表 7-6　PSM 的平行假设检验

匹配变量	U（匹配前）	均值		标准化偏差（%）	t 检验	
	M（匹配后）	处理组	控制组		t 值	p 值
Size	U	22.950	21.910	74.200	29.820	0.000
	M	22.950	22.950	0.000	0.000	0.998
ROA	U	0.035	0.042	-13.000	-4.470	0.000
	M	0.035	0.033	3.300	0.840	0.402
Debt Ratio	U	0.547	0.442	53.400	17.860	0.000
	M	0.547	0.550	-1.600	-0.420	0.673
Sales Growth	U	0.172	0.200	-6.600	-2.210	0.027
	M	0.172	0.180	-1.800	-0.490	0.625
Stock RetVol	U	0.029	0.031	-17.300	-6.090	0.000
	M	0.029	0.029	-3.700	-0.930	0.354
Market Index	U	7.593	7.484	6.500	2.160	0.030
	M	7.593	7.631	-2.300	-0.600	0.551
Management Cost	U	0.074	0.101	-33.700	-10.470	0.000
	M	0.074	0.073	1.600	0.510	0.613
SOE	U	0.733	0.461	57.700	19.010	0.000
	M	0.733	0.713	4.200	1.110	0.269

续表

匹配变量	U（匹配前）	均值		标准化偏差（%）	t 检验	
	M（匹配后）	处理组	控制组		t 值	p 值
Cr1	U	0.383	0.358	0.161	5.590	0.000
	M	0.383	0.378	0.035	0.860	0.390
Dual	U	0.104	0.227	-33.700	-10.360	0.000
	M	0.104	0.113	-2.600	-0.760	0.445
BoardSize	U	2.333	2.275	32.200	11.160	0.000
	M	2.333	2.333	-0.100	-0.010	0.988
IndDir Ratio	U	0.371	0.367	7.900	2.710	0.007
	M	0.371	0.370	0.800	0.200	0.841
Executive Ownership	U	0.590	0.653	-13.000	-4.570	0.000
	M	0.590	0.595	-1.100	-0.280	0.778
Executive Comp	U	14.430	13.980	56.600	19.970	0.000
	M	14.430	14.450	-1.900	-0.470	0.635
LR chi2（p 值）	U	1115.68（0.000）				
	M	5.50（0.978）				

四、基本实证分析

在本部分，笔者先分析了董责险需求的影响因素，计算了董责险的平均处理效应。然后利用匹配后的样本进行多元回归分析。最后，笔者基于工具变量法和 PSM 的其他匹配方式做进一步的稳健性检验。

（一）董责险需求的影响因素分析

董责险的需求动因理论表明，公司面临的诉讼风险和公司治理风险越高，购买董责险的可能性就越大。下面笔者将分别基于匹配前后的样本，用所有匹配变量对 *Doins* 进行 Probit 回归，来分析董责险需求的影响因素并检验 PSM 的匹配效果。表 7-7 中第（1）列报告了匹配之前的回归结果，可以看出，在财务特征方面，*Size* 的系数显著为正，符合预期，表明公司规模越大，面临的诉讼风险和董责险需求就越大。ROA 的系数显著为负，表明公司的盈利水平越好，发生财务困境的概率就越低，从而诉讼风险和董责险需求就越低。*Debt Ratio* 的系数显著为正，表明负债率越高，公司抵御外部经济冲击的能力就越低，面对来自债权人的诉讼和对董责险的需求就越高。在公司治理特征方面，SOE 的系数显著为正，表明国有企业购买董责险的概率更高，这可能是因为国企的代理问题更为突出。*IndDir Ratio* 的系数显著为正，与 Park（2018）的研究相一致，表明购买董责险的公司能吸引到更多优秀的独董。*Executive Comp* 的系数显著为正，表明高管薪酬更高的公司，购买董责险的可能性更大，可能是因为较高的高管薪酬反映了更高的代理冲突。*Cr*1、*Dual* 和 *Executive Ownership* 的系数显著为负，表明股权集中、两职合一和高管持股的公司代理成本更低，从而购买董责险的可能性也更低。表 7－7 中第（2）列报告了匹配后的回归结果，可以看出所有匹配变量的回归系数均不再显著，R^2 也由原来的 0.149 大幅降低为 0.01。表明匹配之后各匹配变量对董责险需求已不再有显著影响，模型整体的解释力也显著下降，表明 PSM 匹配效果较好。

表 7－7　董责险需求的影响因素分析

被解释变量：*Doins*	（1）	（2）
	匹配前样本	匹配后样本
Size	0.127*** （6.99）	0.003 （0.10）
ROA	－1.525*** （－4.27）	0.805 （1.30）
Debt Ratio	0.591*** （5.44）	0.067 （0.35）
Sales Growth	－0.072* （－1.82）	－0.041 （－0.61）
Stock RetVol	－2.671 （－0.89）	4.857 （0.95）
Market Index	0.013 （1.22）	－0.015 （－0.77）

续表

被解释变量：*Doins*	(1)	(2)
	匹配前样本	匹配后样本
Management Cost	-0.442*	0.137
	(-1.74)	(0.28)
SOE	0.264***	0.078
	(7.12)	(1.16)
Cr1	-0.241**	0.155
	(-2.18)	(0.81)
Dual	-0.221***	-0.059
	(-4.82)	(-0.69)
Board Size	0.126	0.002
	(1.29)	(0.01)
IndDir Ratio	1.187***	0.035
	(3.79)	(0.06)
Executive Ownership	-0.116***	0.004
	(-3.53)	(0.07)
Executive Comp	0.372***	-0.028
	(13.48)	(-0.59)
_ *cons*	-10.172***	0.051
	(-20.30)	(0.06)
Year and Ind FE	YES	YES
N	21600	2550
Adj. R-sq	0.149	0.010

注：括号中报告的为 Huber-White sandwich t-statistic；括号内数字为 t 值；***P<0.01，**P<0.05，*P<0.1。

（二）董责险的平均处理效应

董责险的平均处理效应（Average Treatment Effect on the Treated，ATT），是指董责险样本在购买前后自愿性披露水平的平均变化程度，衡量了董责险对自愿性披露的平均处理效应。由于反事实结果（董责险样本没有接受处理的结果）的不可观测性，在计算 ATT 时将采用未购买董责险样本（控制组）的平均值作为替代。因此，处理组样本与控制组样本越“相似”，计算出的平均处理效应就越可信。由表7－8可知，在匹配之前，OCCUR在购买董责险（处理组）和未购买董责险（控制组）样本中的均值分别为0.145和0.332，平均处理效应为－0.187（处理组和控制组的均值之差），t值高达－13.930。表明在处理组中，有14.5%的样本进行了自愿性披露，远低于控制组的33.2%。同理，FREQ在处理组和控制组的均值分别为0.256和0.791，平均处理效应为－0.535，t值为－14.780。表明在处理组中，自愿性披露的平均次数为0.256次，约为控制组的1/3。以上结果虽然表明匹配之前的ATT显著为负，但并不能由此得出董责险对自愿性披露具有负向影响。因此，笔者进一步通过PSM使处理组和控制组样本尽可能地"相似"，然后利用匹配后的样本计算更为可信的ATT。由表7－8可知，在匹配之后的控制组样本中，OCCUR的均值由0.332下降为0.202，平均处理效应也下降为－0.535，t值变为－3.830，但仍在1%的水平上显著。同理，FREQ的均值由0.791下降为0.420，平均处理效应也下降为－0.164，t值变为－4.880，在1%的水平上显著。以上结果表明，如果不考虑选择性问题会高估董责险的平均处理效应。在控制了选择性问题后，董责险的平均处理效应仍在1%的水平上显著为负，表明董责险对自愿性披露具有显著的负效应，诉讼风险与自愿性披露显著正相关，支持了假设H1－B。

表7－8　董责险的平均处理效应

自愿性披露	U（匹配前）	均值		平均处理效应	t检验	
	M（匹配后）	处理组	控制组		t值	p值
OCCUR	U	0.145	0.332	－0.187***	－13.930	0.000
	M	0.145	0.202	－0.057***	－3.830	0.000
FREQ	U	0.256	0.791	－0.535***	－14.780	0.000
	M	0.256	0.420	－0.164***	－4.880	0.000

注：括号内数字为t值；＊＊＊P＜0.01，＊＊P＜0.05，＊P＜0.1。

（三）多元回归分析

平均处理效应分析为笔者直观地呈现了董责险对自愿性披露的平均效应，下面将基于匹配后的样本，通过加入控制变量进行更为可信的多元回归分析，计量模型如下：

$$\mathrm{OCCUR}_{i,t} \mid \mathrm{FREQ}_{i,t} = \beta_0 + \beta_1 Doins_{i,t} + \beta_2 Control_{i,t} + \sum Year + \sum Industry + \varepsilon_{i,t} \quad (7-1)$$

模型（7－1）中被解释变量为是否发布自愿预告（OCCUR）和自愿预告发布频率（FREQ），在解释变量中除了董责险变量（*Doins*）外，笔者还加入了可能影响自愿性披露的控制变量以及行业和年度虚拟变量。*Doins* 的系数 β_1 反映了董责险对自愿性披露的影响，如果 β_1 显著为负，则表明董责险显著减少了自愿性披露；如果 β_1 显著为正，则正好相反。另外，值得注意的是，考虑到公司截面和时间序列上可能存在的序列相关性，本章所有回归结果的标准误均在公司和年度两个维度进行了聚类处理。

回归结果如表 7－9 所示，在前 4 列中，笔者仅控制了行业和年度固定效应，同时为了对比分析，（1）、（2）两列和（3）、（4）两列分别为基于匹配前后样本的回归结果。可以看出，在匹配前，*Doins* 对 OCCUR 回归的系数为－0.145，t 值为－7.373。而匹配后，系数则变为－0.060，t 值变为－2.9。同理，*Doins* 对 FREQ 的回归系数和 t 值从匹配前的－0.414 和－7.36 变为匹配后的－0.171 和－3.25。表明匹配之后，董责险对自愿性披露影响的经济意义和统计意见均显著下降，如果不控制选择性问题将会高估董责险的经济效应。在（5）、（6）两列，笔者进一步加入了其他控制变量，可见 *Doins* 的回归系数依然在 1% 的水平上显著为负。表明在控制了选择性问题后，笔者依然可以较为可信地得出，董责险对自愿性披露具有显著的负向影响，从而支持了假设 H1－B。笔者的结果与 Wynn（2008）的研究结论相一致，这表明在中国情境下诉讼风险与自愿性披露水平显著正相关，但与 Bourveau 等（2017）的研究结论不符。

在控制变量中，变量 *ShanghaiList* 的系数显著为负，表明上海证券交易所上市公司的自愿性披露水平显著更低，可能是沪、深交易所在信息披露政策等方面的差异所致。SOE 的系数显著为负，表明国有企业的自愿性披露水平显著更低。*Market Index* 的系数显著为正，表明地区制度环境越好，上市公司的自愿性披露水平越高。

表7-9 多元回归结果

变量	(1)	(2)	(3)	(4)	(5)	(6)
	OCCUR	FREQ	OCCUR	FREQ	OCCUR	FREQ
Doins	-0.145 ***	-0.414 ***	-0.060 ***	-0.171 ***	-0.072 ***	-0.201 ***
	(-7.37)	(-7.36)	(-2.90)	(-3.25)	(-4.06)	(-4.43)
ShanghaiList					-0.169 ***	-0.435 ***
					(-6.39)	(-6.63)
Size					-0.011	-0.040 **
					(-1.56)	(-2.34)
SOE					-0.134 ***	-0.320 ***
					(-5.33)	(-5.17)
Sales Growth					0.014	-0.005
					(0.56)	(-0.12)
ROA					0.206	0.754 *
					(1.12)	(1.71)
Debt Ratio					-0.061	-0.258 *
					(-1.11)	(-1.84)
Dual					0.058	0.187
					(1.44)	(1.57)
Cr1					0.178 ***	0.381 ***
					(2.81)	(2.78)
IndDir Ratio					0.187	0.561 *
					(1.47)	(1.80)
Market Index					0.017 ***	0.043 ***
					(2.68)	(3.00)
_ *cons*	0.094 **	0.056	0.042	0.076	0.315 **	1.062 ***
	(2.17)	(0.50)	(0.63)	(0.64)	(2.10)	(3.20)
Year and Ind FE	YES	YES	YES	YES	YES	YES
Cluster	F&Y	F&Y	F&Y	F&Y	F&Y	F&Y
N	23139	23139	2550	2550	2550	2550
Adj. R-sq	0.149	0.166	0.092	0.108	0.189	0.244

注：括号中报告的为 Huber - White sandwich t - statistic；括号内数字为 t 值；***P<0.01，**P<0.05，*P<0.1。

（四）稳健性检验

1. 基于工具变量法的回归

借鉴 Lin 等（2011）的研究，笔者选择同一行业上市公司购买董责险的均值（*Industry Mean*）作为是否购买董责险（*Doins*）的工具变量。基于工具变量法的回归结果如表 7－10 所示。可以看出，在第一阶段回归结果中，*Industry Mean* 的回归系数在 1% 的水平上显著为正，表明同一行业购买董责险的公司越多，本公司购买的可能性也越高，同时由 F 统计值（远大于 10）可知，*Industry Mean* 通过了弱工具变量检验，表明工具变量的选择是合适的。(2)、(3) 两列的第二阶段回归结果表明，在使用工具变量法控制住内生性后，*Doins* 的系数依然在 1% 的水平上显著为负，结果稳健。

表 7－10　基于工具变量法的回归结果

变量	第一阶段回归	第二阶段回归	
	(1)	(2)	(3)
	Doins	OCCUR	FREQ
Industry Mean	0.895 *** (9.42)		
Doins		－0.386 *** (－3.12)	－1.254 *** (－3.95)
Control	YES	YES	YES
Year and Ind FE	YES	YES	YES
Cluster	F&Y	F&Y	F&Y
F（*P*）	50.234 (0.000)		
N	23139	23139	23139
Adj. R－sq	0.071	0.313	0.333

注：篇幅所限，控制变量的回归结果未在表中报告；括号内数字为 t 值；＊＊＊ P<0.01，＊＊P<0.05，＊P<0.1。

2. 基于 PSM 的其他匹配方式

上文采用的是基于 PSM 的最近邻匹配（1∶1 无放回匹配），下面笔者将改变 PSM 的匹配方式做进一步的稳健性检验。一方面，笔者分别使用 k 近邻匹配中的 1∶2 和 1∶3 匹配，增加控制组样本数量，结果如表 7－11 中的前4列。另一方面，笔者将匹配方式分别改为卡尺匹配和核匹配，结果如表7－11的后4列。可见，*Doins* 的系数依然在1%的水平上显著为负，结果稳健。

表7－11　基于PSM的其他匹配方式

变量	k近邻匹配（1:2）		k近邻匹配（1:3）		卡尺匹配		核匹配	
	(1)	(2)	(3)	(4)	(5)	(6)	(7)	(8)
	OCCUR	FREQ	OCCUR	FREQ	OCCUR	FREQ	OCCUR	FREQ
Doins	-0.073***	-0.204***	-0.077***	-0.207***	-0.088***	-0.285***	-0.084***	-0.272***
	(-3.98)	(-4.45)	(-4.21)	(-4.42)	(-3.83)	(-4.93)	(-3.45)	(-4.59)
Control	YES	YES	YES	YES	YES	YES	YES	YES
Year and Ind FE	YES	YES	YES	YES	YES	YES	YES	YES
Cluster	F&Y	F&Y	F&Y	F&Y	F&Y	F&Y	F&Y	F&Y
N	3305	3305	4116	4116	2730	2730	2484	2484
Adj. R-sq	0.200	0.261	0.219	0.282	0.321	0.355	0.328	0.359

注：括号内数字为t值；＊＊＊P<0.01，＊＊P<0.05，＊P<0.1。

五、影响机制检验

在上文的研究中，笔者发现公司购买董责险后自愿性披露水平显著降低，下面笔者将进行影响机制检验。根据理论推演，董责险对自愿性披露的负向影响来自直接效应和间接治理效应两个渠道。一方面，当董责险降低了公司面临的诉讼风险时，信息披露带来的边际收益也会减少，因而降低了自愿性披露的激励；另一方面，诉讼风险的降低同时激发了高管的机会主义行为和道德风险，其会向资本市场披露更少的信息，以提高控制权私利。如果以上理论渠道成立，那么笔者可以进一步推论：公司面临的诉讼风险和代理冲突越大，公司购买董责险后，信息披露边际收益的减少和高管机会主义的增加就越大，因而对自愿性披露的负向影响就越显著。下面笔者将根据诉讼风险和代理冲突进行分组检验。

在诉讼风险方面，笔者分别从时间维度和公司截面维度进行分组检验。在时间维度上，从2006年开始，随着新证券法和新公司法的同时发布生效，中国的法律环境发生了明显变化（刘启亮等，2013）。因此可以预期相对于法律颁布之后，在法律颁布以前（2002—2006 年），股东诉讼风险的实际威胁更小。此外，考虑到法律政策从颁布实施到产生广泛影响并最终对管理层预期和激励发挥作用还需要较长的时间，笔者将法律颁布后的年度样本进一步细分为法律颁布初期（2007—2010 年）、法律颁布中期（2011—2014 年）和法律颁布后期（2015—2017 年）三个子样本，进行分时段检验，结果如表 7 - 12 所示。由（1）、（2）列可知，在法律颁布以前，*Doins* 的回归系数为负，但均不显著。而在法律颁布初期（2007—2010 年），*Doins* 系数和 t 值的绝对值均有所增加，并且 *Doins* 对 OCCUR 的回归系数开始在 10% 的水平上显著为负。在法律颁布中期（2011—2014 年），笔者发现 *Doins* 的回归系数和 t 值的绝对值得到了进一步的提升，且均在 1% 的水平上显著为负。在最后两列的法律颁布后期（2015—2017 年），*Doins* 的回归系数绝对值进一步增加到 0. 101 和 0. 265，t 值绝对值分别增加到 6. 29 和 5. 51，且都在 1% 的水平上显著为负。以上结果表明，随着新公司法和新证券法颁布实施带来的诉讼风险的不断增大，董责险对自愿性披露的负向效应也在逐渐增强。

表 7 - 12　诉讼风险分时段检验

变量	法律颁布以前（2002—2006 年）		法律颁布初期（2007—2010 年）		法律颁布中期（2011—2014 年）		法律颁布后期（2015—2017 年）	
	(5)		(6)		(7)		(8)	
	OCCUR		FREQ		OCCUR		FREQ	
Doins	-0. 010	-0. 006	-0. 029 *	-0. 068	-0. 084 ***	-0. 257 ***	-0. 101 ***	-0. 265 ***
	(-1. 15)	(-0. 54)	(-1. 88)	(-1. 44)	(-2. 66)	(-3. 38)	(-6. 29)	(-5. 51)
Control	YES	YES	YES	YES	YES	YES	YES	YES
Year and Ind FE	YES	YES	YES	YES	YES	YES	YES	YES
Cluster	F&Y	F&Y	F&Y	F&Y	F&Y	F&Y	F&Y	F&Y
N	231	231	604	604	873	873	842	842
adj. R^2	0. 176	0. 176	0. 047	0. 075	0. 221	0. 310	0. 198	0. 240

注：括号内数字为 t 值；＊＊＊P<0. 01，＊＊P<0. 05，＊P<0. 1。

在公司截面维度上，笔者将上市公司划分为诉讼风险高低两组。借鉴毛新述和孟杰（2013）的研究，笔者用涉诉金额来衡量上市公司面临的诉讼风险，分年度将涉诉金额在样本中值以上的定义为高诉讼风险组，低于中值的定义为低诉讼风险组，结果如表 7－13 所示。可以看出，在前 2 列中，*Doins* 对 OCCUR 的回归系数在高诉讼风险组中为－0.241，在 1% 的水平上显著，而在低诉讼风险组中为－0.094，且并不显著。经验 P 值为 0.046，两组系数在 5% 的水平上存在显著差别。在后 2 列中，*Doins* 对 FREQ 的回归系数在高诉讼风险组中为－0.565，在 1% 的水平上显著，而在低诉讼风险组中为－0.168，但并不显著。经验 P 值为 0.025，两组系数在 5% 的水平上存在差别。以上结果表明，董责险对自愿性披露的负向影响在高诉讼风险组公司样本中更为显著。

表 7－13　诉讼风险公司截面分组

变量	低诉讼风险	高诉讼风险	低诉讼风险	高诉讼风险
	(1)	(2)	(3)	(4)
	OCCUR	OCCUR	FREQ	FREQ
Doins	－0.094 (－1.17)	－0.241*** (－2.75)	－0.168 (－1.09)	－0.565*** (－2.79)
Control	YES	YES	YES	YES
Year and Ind FE	YES	YES	YES	YES
Cluster	F&Y	F&Y	F&Y	F&Y
经验 P 值	0.046**		0.025**	
N	89	100	89	100
adj. R^2	0.373	0.076	0.357	0.075

注：括号内数字为 t 值；＊＊＊P<0.01，＊＊P<0.05，＊P<0.1。

在代理冲突方面，考虑到大股东和中小股东之间的代理冲突在中国上市公司中占主要地位（Zou et al.，2008），借鉴凌士显和白锐锋（2017）的研究，笔者用资金占用率［（应收账款＋长期应收账款＋其他应收账款）÷总资产］来衡量大股东的掏空行为和代理冲突。分年度将资金占用率大于或小于中值的样本分别定义为高代理冲突组和低代理冲突组，结果如表 7－14 所示。可以看出，在前 2 列中，*Doins* 对 OCCUR 的回归系数在高

代理冲突组中为 -0.093，在 1% 的水平上显著，而在低代理冲突组中为 -0.048，且并不显著。经验 P 值为 0.002，表明两组系数在 1% 的显著性水平上存在差别。在后 2 列中，*Doins* 对 FREQ 的回归系数在高代理冲突组中为 -0.269，在 1% 的水平上显著，而在低代理冲突组中为 -0.124，在 5% 的水平上显著。经验 P 值为 0.000，两组系数在 1% 的水平上存在差别。以上结果表明，董责险对自愿性披露的负向影响在高代理冲突样本组中更为显著。

表 7-14　代理冲突公司截面分组

变量	低代理冲突	高代理冲突	低代理冲突	高代理冲突
	(1)	(2)	(3)	(4)
	OCCUR	OCCUR	FREQ	FREQ
Doins	-0.048 (-1.64)	-0.093*** (-3.04)	-0.124** (-2.27)	-0.269*** (-4.28)
Control	YES	YES	YES	YES
Year and Ind FE	YES	YES	YES	YES
Cluster	F&Y	F&Y	F&Y	F&Y
经验 P 值	0.002***		0.000***	
N	1250	1257	1250	1257
adj. R^2	0.147	0.261	0.203	0.305

注：括号内数字为 t 值；***P<0.01，**P<0.05，*P<0.1。

六、结　论

（一）研究结论

本章基于 2002—2017 年 A 股上市公司的研究样本，通过 PSM 方法在控制了自选择偏误后研究发现，董责险的购买显著降低了管理层的自愿性披露水平，表明诉讼风险对自愿性披露具有显著的正向影响，从而提供了诉讼成本假说在中国情境下的新证据。进一步的研究还表明，董责险对自愿性披露的负向影响在诉讼风险和代理冲突较大时更为显著，特别是随着 2006 年新法规颁布后诉讼风险的不断增大，董责险对自愿性披露的负向影响也在逐渐增强。总之，本章的研究结论提供了诉讼风险和自愿性披露之间清晰的因果关系，同时也指明了影响二者关系的重要制度和环境因素。

（二）政策建议

2006 年以来，随着新证券法和新公司法的同时发布生效，中国的法律环境发生了明显变化，越来越多的“祥源文化”卷进股东诉讼案件。诉讼风险的增加将有利于强化法律诉讼的治理效果，提高管理层的自愿性披露水平，从而改善资本市场的信息环境，并更好地保护投资者利益。另外，需要注意的是，董责险这类“风险管理工具”在将董事高管本应承担的诉讼风险转嫁给保险公司的同时，也可能激发了管理层的机会主义和道德风险。因此，对于购买董责险的上市公司需要进一步加强其他替代性治理机制的监督作用。

（三）研究不足与展望

通过实证研究检验诉讼成本假说的关键在于如何克服内生性问题的干扰。本章通过研究上市公司购买董责险后自愿性披露的变化，来间接识别诉讼风险与自愿性披露之间的因果关系。虽然这一研究设计可以有效缓解互为因果和自选择带来的估计偏误，但很难完全消除遗漏变量等导致的内生性问题。因此，在今后的研究中，还需要进一步探寻严格意义上的“外生冲击”。

第八章　董责险与公司治理机制存在互动影响吗

本章概要

已有研究关于董事责任保险是通过鼓励董事高管积极进取从而改善公司治理效力还是通过增强董事高管的道德风险从而削弱公司治理效力存在争论。在郑志刚和许荣等（2011）发现上市公司在公司章程中设立董事责任险条款有助于减少公司代理成本的基础上，本章进一步基于中国A股上市公司的数据，实证考察了董事责任保险实际购买需求影响因素和董事责任险实际购买对企业代理成本的影响。实证结果发现，良好的公司治理机制将增加公司对董事责任保险的需求，同时董事责任保险购买又将进一步改善公司治理机制、降低公司代理成本。

一、关于互动影响的两种观点

关于董事责任保险和公司治理机制之间的互动影响，学术界存在两种对立的观点。第一种观点认为存在良性互动，即更好的公司治理机制会增加公司的董事责任保险需求，而认购董事责任保险又会改善公司治理效力。实证研究中，郑志刚和许荣等（2011）发现上市公司章程条款设计中纳入董事责任险的有关条款有助于降低上市公司代理成本、增强投资者保护，从而改善公司治理机制。

第二种观点从保险理论和实务中经典的逆向选择与道德风险视角出

发，认为董事责任保险和公司治理机制之间存在恶性循环，即公司由于严重的股东利益冲突而产生董事责任保险需求，而认购董事责任保险之后又会进一步恶化董事高管的道德风险。Zou 等（2008）对中国上市公司的实证研究发现，大股东侵犯小股东利益越严重的公司越倾向于购买董事责任险。而 Chalmers 等（2002）利用美国数据发现，IPO 之后 3 年的股票收益与 IPO 时购买的董事责任险的保额成反比。此外，许锡良（2007）提出，对于公司董事或高管过失对股东造成的损失，我国目前规定股东只能以共同诉讼而不能以集团诉讼方式起诉，并且法院受理时也必须以先具备证券监管机关的行政查处为前置程序，因此上市公司被中小投资者提起证券民事赔偿诉讼的案例以及赔偿金额及和解结案金额并不多。这一观点证明了董事责任保险对公司治理发挥的作用有限。

本章借鉴 Core（1997）和 Zou 等（2008）的研究，以 2002—2010 年购买董事责任险的上市公司为实验组，依据公司行业和规模为每一家公司选取了相应的对照组，开展实证研究，考察董事责任保险购买的影响因素。同时，本章也在郑志刚和许荣等（2011）的基础上，以 2007 年中国 A 股上市公司为样本总体，开展董事责任险是否购买对公司代理成本影响的实证研究。

笔者的研究发现，不同于 Zou 等（2008）认为中国上市公司董事责任险的需求因素主要是股东之间的利益冲突这一研究结论，利用 2002—2010 年董事责任险购买样本的实证研究结果表明，董事责任险的需求因素主要是衡量公司治理机制的变量，董事的外籍背景、独立董事占董事总数的比例、上市公司是否发行 H 股以及第一大股东的持股比率会显著影响公司的董事责任险需求。而当笔者控制了上市公司的公司治理特征后发现，购买董事责任险仍然显著降低了公司的代理成本，体现出董事责任保险对公司治理机制的改善作用。进一步的研究发现，和郑志刚和许荣等（2011）发现的董事责任险公司章程条款与是否发行 H/B 股等公司治理机制存在显著的交互效应不同，公司是否购买董事责任险和主要的公司治理机制之间不存在显著的交互效应，这表明董事责任保险更有可能作为一种独立的公司治理机制发挥作用。

本章从以下几个方面对董事责任保险和公司治理领域进行新的研究：首先，本章提供了中国资本市场董事责任保险是一种有效的公司治理机制的经验证据。其次，笔者的研究表明，上市公司建立了较好的公司治理机制，将增加对董事责任保险的需求，而董事责任保险的购买又将独立于主要的公司治理机制对公司的代理成本产生显著影响。这一研究结论不仅为董事责任保险的功能提供了实证上的支持，同时也为如何提高上市公司治理水平提供了政策参考。最后，作为保险和资本市场的交叉研究，本章的研究将促使理论界、立法机构和监管当局重新思考资本市场发展如何影响公司的董事责任保险需求，以及公司的董事责任保险决策如何影响公司的治理水平，从而为今后立法、司法以及监管实践带来启迪。

本章以下部分内容组织如下：第二部分在回顾相关文献的基础上研究董事责任保险的需求影响因素，并结合中国资本市场发展实践，提出相应的研究假设；第三部分介绍样本和对相关变量的统计描述；第四部分报告主要实证结果并展开分析；第五部分为简单总结。

二、主要理论研究进展

（一）董事责任保险的需求影响因素

由于难以获得早期董事责任险购买信息，国外关于董事责任险需求的研究始自 Core（1997）。该文对 222 家加拿大公司购买董事责任险的动机进行了分析，认为董事责任险的需求由以下三方面因素所产生：①风险厌恶董事的个人保障需求；②由有效的公司保险决策引起的对董事责任险的公司保障需求；③由管理防御引起的对董事责任险的需求。O’Sullivan（1997）通过对 366 家英国公司的截面数据的研究发现，外部董事比例越高、管理层持股比例越低的大公司，越倾向于购买董事责任险。由于董事责任险的保费相对较高，小公司多使用大股东和管理层持股作为监督机制。而随着公司规模的扩大，为达到一定股权比例，股东所要支付的成本也在上升，靠增加所有权来监督管理层变得昂贵起来，因此大公司更多地使用董事责任险和独立董事作为监督机制。Martin Boyer（2003）通过对加拿大 318 家上市公司的平板数据的研究得出结论：是否购买董事责任险与经理人的个人选择紧密相关；保单限额与免赔额的影响因素不重叠；董事责任险的广泛使用，最终是为保护股东利益。

针对中国上市公司董事责任险需求的实证研究相对较少，较有影响的是 Zou 等（2008）针对中国上市公司特有的“一股独大”股权结构造成大股东和中小股东之间利益冲突引起的董事责任险需求的研究。该文通过对沪、深两市中购买了董事责任险的 53 家中国上市公司及 53 家配对上市公司进行实证研究发现，上市公司购买董事责任险主要是为了规避诉讼风险带来的潜在损失，认为上市公司的控股股东与中小股东存在严重的利益冲突，通过关联交易，控股股东对中小股东的利益侵占使得管理层面临的诉讼风险增大，因而倾向于购买董事责任险。

结合上述分析可知，董事责任保险的需求有可能是因为公司寻求改善公司治理机制，也有可能是出于公司的大股东和中小股东之间利益冲突激烈导致董事高管为规避诉讼风险带来的潜在损失的目的。因此，笔者提出两个对立的假设 1A 和假设 1B：

假设 1A：公司治理机制良好的上市公司有更强烈的需求购买董事责任保险。

假设 1B：股东之间利益冲突激烈的上市公司有更强烈的需求购买董事责任保险。

（二）董事责任险购买对公司代理成本的影响

引入董事责任保险的目的是鼓励董事积极进取，促使其履行董事的忠诚义务和勤勉义务，减少董事由于疏忽或不当行为造成错误的后顾之忧。作为一种激励机制，董事责任险的设立一方面存在多个优点：其一，鼓励董事大胆创新经营。如果没有董事责任险，公司管理层的经营可能会非常保守，这显然并不符合股东的利益（Jensen，1993；施卫忠，2004）；其二，将甄别和吸引优秀的高管、独董加入公司，从而提高公司业绩（Priest，1987）；其三，董事责任险将保险公司引入了上市公司治理的监督中（O' Sullivan，1997）。在审查投保单时，保险公司有激励从多个渠道了解公司的经营管理状况，通过保险合同条款来约束公司董事的行为，从而增加了对董事相关行为的监督，相应减少了董事不当行为对中小股东利益损害的可能性（施卫忠，2004）。

但另一方面，董事责任险的设立是对董事高管行为的一种保险保护，使董事具有道德风险倾向，相应增加了侵害中小股东利益的可能性。基于以上讨论，笔者提出两个对立的假设 2A 和假设 2B：

假设 2A：董事责任险的购买将有助于投资者权力的保护，从而减少代理成本。

假设 2B：董事责任险的购买将不利于投资者权力的保护，从而导致代理成本增加。

三、主要变量的度量

笔者把影响董事责任保险需求的因素归纳为公司治理机制变量和衡量股东利益冲突的变量。国内已有的公司治理文献表明，第一大股东持股比例、是否发行 H/B 股等公司治理变量对企业绩效和代理成本有显著影响（白重恩等，2005、施东晖等，2004 等）。因此，本章选择第一大股持股比例、第一大股东性质、独立董事比例、董事高管是否持股，是否发行 H/B 股 5 个变量来刻画主要公司治理机制。但是，在考察影响董事责任保险需求时，笔者增加了一个反映董事背景是否具有外资背景的变量（*fd*），如果本人就是外籍或者曾经在国外或我国国香港地区担任过职务，既会影响其在公司治理机制中发挥的作用，也会影响公司的董事责任保险需求。因此，笔者共有 6 个变量反映影响董事责任保险的公司治理变量，除 fd 外，还有独立董事占董事会比例（*ind*）、公司是否发行 *H* 股或 *B* 股（*hs* & *bs*）、第一大股东持股比率、第一大股东是国有背景还是民营背景、董事高管是否持股。

关于股东利益冲突的变量，笔者参照 Zou 等（2008）的变量度量，代表大股东利益的董事比例（Largerep）越高，说明大股东在董事会中的权力就越大。按照 Zou 等（2006）的研究，大股东对中小股东利益侵占情况的存在会导致董事及高管面临的诉讼风险增加，从而上市公司会选择购买董事责任险，即 Largerep 越大，上市公司越倾向于购买董事责任险。本章也设置了对股东净借出的变化（*Nlend*）、商品和服务的交易（*Tgdsv*）、公司最近两年内是否有股份增发（*Issue*）、潜在的商品和服务的交易（*Tgdsv* × *Issue*）、资产的交易（*Asstran*）、潜在的资产交易（*Asstran* × *Issue*）、上市公司对大股东的担保比例（*Crenitg*）以及上市公司最近两年净资产收益率是否为 6% ~7%（ROE6_ 7），以反映上市公司是否为了获得融资资格而进行利润操纵。

Ang 等（2000）用销售管理费用率和资产利用率来分别度量代理成本和代理效率，前者主要反映经理人由于过度在职消费所引起的浪费，后者反映由于经理人错误决策（如投资了净现值为负的项目）或经理人偷懒（如没有尽力增加收入等）而导致的对资产的低效率使用等引起的代理成本。李寿喜（2007）等也采用类似的方法刻画代理成本和代理效率。借鉴上述文献，本章同样采用资产利用率（STA）和管理费用率（*fare_ m*）作为我国上市公司代理效率和代理成本的代理变量。

本章同时控制了可能影响公司董事责任保险需求以及公司代理成本和代理效率的其他因素，包括公司增长机会、公司规模、资产构成、资产负债率和所处行业等企业特征以及公司前两年是否有违规记录。表 8 –1 为本章所采用的相关变量的定义。

笔者对主要变量进行了描述性统计和均值差异检验。总体而言，董事责任险实际购买的样本组和对照组在主要公司治理机制变量上存在显著差异，而在反映股东利益冲突的变量上差异不显著。同时，董事责任险实际购买样本和总样本在企业代理成本和资产利用效率等变量上的差异也是显著的，具体分析结果和笔者在下一节的回归分析中的结论是一致的。

表 8－1　相关变量的定义

变量名	变量解释
被解释变量	
INS	虚拟变量，决定购买董事责任险记为 1
STA	资产利用率，主营业务收入 ÷ 总资产
fare_ m	管理费用率：管理费用 ÷ 营业收入，度量公司代理成本
解释变量（公司治理变量）	
insur_ dir	虚拟变量，是否设立董事责任险。是，赋值为“1”；否，赋值为“0”
fd	有外资背景的董事比例（%）
top_ 1	第一大股东持股比例（%）
top1_ nat	虚拟变量，第一大股东性质，国有则赋值为“0”
ind	独立董事比例，独立董事人数占董事会人数比例（%）
stock_ m	虚拟变量，董事、监事、高管是否持股，是赋值为“1”；否赋值为“0”
hbshare	虚拟变量，是否发行 *H/B* 股，是赋值为“1”；否赋值为“0”
hs	虚拟变量，是否发行 *H* 股，是赋值为“1”；否赋值为“0”
bs	虚拟变量，是否发行 B 股，是赋值为“1”；否赋值为“0”
解释变量（股东利益冲突变量）	
Largerep	代表大股东利益的董事比例（%）
Nlend	*Net Lending* 的变化［（年末的 *NL* – 年初的 *NL*）÷ 总资产］
Tgdsv	与股东及其关联方的商品服务交易额 ÷ 总资产
Issue	虚拟变量，前两年是否有股份的增发或配股，是赋值为“1”；否赋值为“0”
Roe6_ 7	虚拟变量，加权 *ROE* 在 6% ~7% 记为 1；其他为 0
Tgdsv × *Issue*	上市公司与股东及其关联方的潜在商品服务交易额 ÷ 总资产
Asstran	上市公司与股东及其关联方的资产交易额 ÷ 总资产
Asstran × *Issue*	上市公司与股东及其关联方的潜在资产交易额 ÷ 总资产
Creditg	上市公司对股东及其关联方的担保额 ÷ 总资产
控制变量	
r_ fixed_ asset	固定资产比率：固定资产净额 ÷ 资产总值
r_ inc_ asst	总资产增长率 *A*：（期末总资产 – 期初总资产）÷ 期初总资产
asset	资产总值（加对数）
leverage	资产负债率：负债总额 ÷ 资产总额

续表

变量名	变量解释
Grow	成长机会（每股股票加权价格 ÷ 每股净资产）
Viorec	虚拟变量，公司董事高管最近 2 年是否受过处罚，是赋值为“1”；否赋值为“0”

四、主要研究结果

（一）董事责任险的需求影响因素

笔者选择配对模型研究董事责任险的需求影响因素，即针对每一家购买董事责任保险的上市公司，笔者选取同一年同一行业中资产规模最为接近的未购买董事责任保险的上市公司进行对比。由此得到 94 个实验样本观测数据和 94 个对照样本观测数据。董事责任保险需求的基本回归模型为式（8－1），即 Probit 二元选择模型。

$$INS_i = f(\alpha_i + \sum \beta_k * Governance_{k,i} + \sum \beta_r * Tunneling_{r,i} + \sum \beta_n * C_{n,i}) + \varepsilon \quad (8-1)$$

笔者把影响公司董事责任保险需求的因素分为两类：一类为反映公司治理机制的变量（Governance）；另一类为反映公司股东之间利益冲突的变量（Tunneling），详细变量及定义如表 8－1 所示。

表 8－2 报告了主要的 Probit 回归结果。笔者对 2002—2010 年 190 个样本进行了 Probit 回归，结果发现衡量公司治理机制的变量中有 4 个变量统计上显著。有外资背景的董事比率（FD）、独立董事占董事总数的比率（IND）以及公司发行 H 股（HSHE）都显著正向影响公司董事责任保险需求，而是否国有背景（TOP）则显著负向影响公司董事责任保险需求。这一回归结果支持了公司治理机制水平较高的上市公司对董事责任保险的需求更大的结论。衡量股东利益冲突的各变量则对公司董事责任保险需求没有显著影响。为了进一步考察股东利益冲突变量对公司董事责任保险需求没有显著影响的原因是否为受到 2006 年股权分置改革的制度性影响，是否

是由为股权分置改革以后上市公司的股东利益冲突减缓造成的，笔者把样本分为2002—2006年的104个样本和2007—2010年的86个样本，结果发现基本结论并没有改变。

表8－2 董事责任保险需求因素Probit回归结果

	2002—2010（190）		2002—2006（104）		2007—2010（86）	
	M. E.	p－value	M. E.	p－value	M. E.	p－value
衡量治理机制变量						
fd	5.15	0.00***	8.23	0.08*	5.88	0.00***
ind	2.34	0.09*	3.69	0.05*	2.15	0.59
hs	3.48	0.02**	0.68	0.76	10.17	0.00***
bs	1.80	0.17	－0.15	0.94	4.67	0.02**
top_ 1	－0.29	0.66	－1.30	0.17	－0.45	0.75
top1_ nat	－0.45	0.05*	－0.86	0.02**	0.10	0.79
stock_ m	－0.34	0.81	－74.15	0.77	1.29	0.50
衡量股东利益冲突的变量						
Larcerep	0.21	0.74	1.27	0.20	－0.05	0.96
Nlend	－1.46	0.26	0.42	0.83	－15.79	0.00***
Tgdsv	0.67	0.17	0.23	0.89	1.00	0.20
Tgdsv×*Issue*	－0.13	0.83	－0.29	0.88	－0.05	0.96
Asstran	3.26	0.24	－1.80	0.70	7.45	0.25
Asstran×*Issue*	－3.71	0.22	3.26	0.56	－15.79	0.10
Creditg	1.68	0.57	－1.28	0.76	－6.86	0.82
Roe6_ 7	0.25	0.48	0.19	0.66	1.71	0.18
Issue	0.21	0.36	0.18	0.65	0.49	0.28
控制变量						
grow	0.01	0.56	0.08	0.28	－0.07	0.15
roa	－0.37	0.78	－4.81	0.27	2.69	0.15
leverage	1.07	0.11	0.62	0.55	2.24	0.11
viorec	－0.65	0.14	－0.36	0.57	－0.89	0.30
size	－0.29	0.01**	－0.19	0.41	－0.37	0.10

注：＊＊＊P<0.01，＊＊P<0.05，＊P<0.1。

（二）董事责任保险购买对公司代理成本的影响

本部分考察董事责任保险购买对我国上市公司代理成本的影响。笔者在控制了公司治理特征和其他企业特征后考察董事责任保险购买对企业代理成本的影响。基本的回归模型为式（8-2）：

$$AgencyCost_i = \alpha + \beta_0 \times Ins + \sum \beta_k \times Governance_{k,i} + \sum \beta_n \times C_{n,i} + \varepsilon \tag{8-2}$$

其中，$AgencyCost_i$ 表示公司 i 的代理成本，笔者借鉴 Ang 等（2000）和李寿喜（2007）等的研究，采用管理费用率 *Fare_ m* 和资产利用率 STA 分别作为代理成本和代理效率的代理变量；$Governance_{k,i}$ 为公司 i 的公司治理特征，包括第一大股东持股比例（*top_ 1*）、第一大股东性质（*top_ nat*）、独立董事比例（*ind*）、董事高管是否持股（*stock_ m*）、是否发行 H/B 股（*hbshare*）等变量。$C_{n,i}$ 为公司 i 的控制变量，包括资产负债率、资产规模、固定资产比例、所处行业等变量。变量的具体定义参见表 8-1。

表 8-3 报告主要的回归结果，其中，左半部分报告被解释变量为资产利用率 STA 的相关结果，右半部分报告被解释变量为管理费用率 *Fare_ m* 的相关结果。为了便于和郑志刚和许荣等（2011）的研究结果进行比较，笔者同时对比报告了郑志刚和许荣等（2011）研究结论中的董事责任保险公司章程条款设计对公司代理成本的影响。

表 8-3　董事责任险章程条款设计与实际购买对公司代理成本的影响回归结果

STA	*Fare_ m*			
	Model 1	Model 2	Model 1	model 2
insur_ dir	0.43 ** (1.87)		-0.01 (1.53)	
Insur_ buy		4.02 *** (6.10)		-0.03 * (-1.80)
top_ 1	0.04 *** (5.3)	0.03 *** (4.07)	-0.001 *** (-5.21)	-0.001 *** (-4.80)

续表

STA	*Fare_ m*			
	Model 1	Model 2	Model 1	model 2
top1_ nat	-1. 18 *** (-5. 48)	-1. 42 *** (-6. 50)	0. 02 *** (4. 2)	0. 03 ** (4. 59)
ind	1. 11 (0. 68)	1. 40 (0. 94)	0. 074 * (1. 82)	0. 083 ** (2. 21)
stock_ m	0. 53 ** (2. 49)	2. 17 *** (4. 15)	-0. 01 (-1. 4)	-0. 02 (-1. 13)
Hbshare	2. 69 ** (7. 23)	2. 63 *** (6. 79)	0. 01 (0. 96)	0. 01 (0. 96)
r_ fix_ as ~ t	0. 88 (1. 4)	0. 25 (0. 44)	-0. 04 *** (-2. 27)	-0. 04 *** (-2. 61)
r_ inc_ asst	0. 83 *** (2. 95)	0. 83 *** (3. 04)	-0. 05 *** (-6. 85)	-0. 05 *** (-7. 83)
Asset	-1. 54 *** (-20. 8)	-1. 55 ** (-20. 5)	0. 002 (0. 84)	0. 001 (0. 52)
Leverage	3. 1 *** (5. 84)	4. 27 *** (8. 21)	0. 02 (1. 4)	-0. 003 (-0. 22)
行业	控制	控制	控制	控制
Obs.	1394	1394	1394	1394
A. R^2	0. 333	0. 351	0. 132	0. 093

注：括号内数字为 t 值；* * * P < 0. 01，* * P < 0. 05，* P < 0. 1。

从表 8 -3 的 Model1 中可以看到，董事责任险条款的设立与资本利用率（STA）显著正相关，与管理费用率（*fare_ m*）负相关。从表 8 -3 的 Model2 中可以发现，董事责任保险的购买比董事责任保险公司章程条款的制定对公司代理成本的影响更大，反映在回归系数上，在统计上的显著性也更高。这说明董事责任险条款的设立和董事责任险的实际购买都将鼓励董事积极咨询与监督公司重要事项的运作，从而降低公司管理费用，提高公司的资本利用效率，并且后者的经济影响更大、更为显著。这与 Jensen（1993）、施卫中（2004）的定性判断相符，同时支持了本章发展的假设

2A。上述结论从另外的角度为在资本市场引入董事责任险制度的合理性提供了证据。

从主要公司治理机制来看，第一股东比例、第一大股东性质对管理费用率和资产利用效率有显著影响，董事高管持股、发行 H/B 股也会显著提高资产利用效率，这些都与已有公司治理文献的结论相一致。在其他企业特征中，企业规模和资产负债率等都会显著影响企业代理成本。

（三）董事责任保险购买与公司治理机制的交互效应

在第二部分直接考察董事责任保险购买是否有助于降低代理成本的基础上，本部分进一步考察在上一部分证明发挥作用的董事责任保险购买与主要公司治理机制的交互效应，以此和郑志刚和许荣等（2011）的研究结果相比较。本部分采用的模型是在上一部分的基本模型中分别加入董事责任保险的公司章程条款以及董事责任保险购买与主要公司治理指标的交互项，见式（8-3）。

$$AgencyCost_i = \alpha + \beta_0 \times Insure_i + \sum \beta_k \times Governance_{k,i} + \beta_m \times Insure_i \times Governance_{k,i} + \sum \beta_n \times C_n + \varepsilon \quad (8-3)$$

其中，与式（8-2）相比，新增加的 $Insure_i \times Governance_{k,i}$ 表示公司 i 的董事责任保险章程条款或实际购买与其公司治理机制 k 的交叉项。实证结果分析中，笔者主要关注式（8-3）中交互项 β_m 的估计值。如果回归系数的符号与主效应的符号一致，则表示公司治理变量对代理成本的边际效应随着 $Insure_i$ 而增强，这意味着 $Insure_i$ 能够加强主要公司治理机制在降低代理成本、提高代理效率方面的作用；反过来，如果交互项回归系数的符号与主效应的符号不一致，则公司治理变量对代理成本的边际效应随着 $Insure_i$ 而减弱，这意味着 $Insure_i$ 将弱化主要公司治理机制在降低代理成本、提高代理效率方面的作用。表 8-4 报告了被解释变量为资产利用率 STA 时 $Insure_i$ 与主要公司治理机制的交互效应。笔者同时考察了被解释变量为管理费用率（*fare_ m*）时的结果，得到了十分近似的结论。为了节省篇幅，笔者没有在正文中报告。

表8－4的左半部分为郑志刚和许荣等（2011）研究中得出的董事责任险条款的设立与主要公司治理机制交互效应的实证结果，右半部分为董事责任保险实际购买与主要公司治理机制交互效应的相应结果。在每部分从Model1到Model5，笔者分别考察董事责任保险章程条款设立、董事责任保险实际购买与第一大股东持股比例、第一大股东性质、董事独立性、高管是否持股以及是否发行H/B股的交互效应。笔者同时控制了资产负债率、资产规模、固定资产比例等之前模型采用的类似的控制变量，但受到篇幅限制没有在正文中报告相关结果。从表8－4的左半部分笔者看到，董事责任险条款的设立与发行H/B股的交互项显著为正，这说明董事责任险条款的设立将加强发行H/B股对于改善公司治理的作用。但董事责任险条款的设立与第一大股东持股比例、第一大股东性质、董事独立性、高管是否持股等的交互效应并不显著。而在右半部分笔者看到，董事责任保险实际购买和主要公司治理机制的交互效应都不显著，这部分表明董事责任保险实际购买是独立于其他主要公司治理机制而对公司治理效用发挥作用的。

表 8－4　董事责任险的章程条款、实际购买与公司治理机制的交互效应

资产利用率 STA	Panel A：insure——董事责任险条款设计					Panel B：insure——董事责任险购买				
	1	2	3	4	5	1	2	3	4	5
insure	0. 37 (0. 4)	0. 71 * (1. 55)	−0. 47 (−0. 83)	1. 11 * (1. 9)	0. 34 (0. 9)	7. 11 *** (4. 65)	4. 35 *** (5. 46)	5. 34 (1. 19)	4. 95 *** (7. 14)	4. 36 *** (5. 05)
top_1	0. 05 *** (3. 93)					0. 04 *** (5. 87)				
insure × *top_1*	0. 01 (0. 81)					−0. 06 (−1. 43)				
top_nat		−1. 4 *** (−3. 4)					−1. 72 *** (−7. 84)			
insure × *top_nat*		−0. 35 (−0. 48)					1. 87 (1. 31)			
ind			0. 57 (0. 19)					1. 08 (0. 68)		
insure × *ind*			0. 5 (0. 62)					−0. 48 (−0. 04)		
stock_m				0. 93 ** (2. 42)					1. 72 *** (3. 11)	
insure × *stock_m*				−0. 86 (0. 24)					3. 51 (1. 19)	

续表

资产利用率 STA	Panel A：insure——董事责任险条款设计					Panel B：insure——董事责任险购买				
	1	2	3	4	5	1	2	3	4	5
hb					2.96*** (4.39)					3.02*** (7.27)
insure × *hb*					3.16** (2.32)					−0.60 (−0.43)
Control	Yes	Yes	Yes	Yes	Yes	Yes	Yes	Yes	Yes	Yes
obs.	1335	1335	1327	1335	1335	1394	1394	1394	1394	1394
A. R^2	0.298	0.298	0.311	0.299	0.301	0.300	0.314	0.283	0.289	0.311

注：我们采用了与之前模型类似的控制变量，但没有在正文中报告相关结果；括号内数字为 t 值；***$P<0.01$，**$P<0.05$，*$P<0.1$。

五、主要研究结论

伴随着所有权与经营权的分离以及公司股权结构的分散化，股东和经理层的代理问题以及股东之间的代理问题成为公司治理的核心问题，现代公司通过设置董事会使董事代表股东利益监管经理层从而使董事会成为解决股东之间以及股东和经理层利益冲突的核心机制之一。然而董事们在拥有代表股东行使监督经理层的权力的同时，也面临着由于错误决策或过失遭受股东诉讼甚至恶意索赔的风险，因此，董事们有可能在行使决策权时过于谨慎保守或者有能力的董事考虑到风险过高而退出，这都不符合股东利益，会造成公司治理机制的失效。正是在这一背景下，董事责任保险作为对董事高管的一种保险机制，能够鼓励董事高管为股东利益而积极进取，并且能够吸引优秀的董事高管人才，同时，引入保险公司的监督有可能作为一种独立的公司治理机制发挥作用。然而，董事责任保险的负面作用则可能导致董事高管无须考虑自身行为可能导致的诉讼风险，甚至在中国特殊的股东利益冲突背景下，进一步加剧大股东对中小股东利益的侵占。因此，理论上董事责任保险与公司治理之间既有可能存在良性互动，也有可能存在恶性循环，董事责任保险与公司治理之间的互动关系就成为一个重要的实证问题。

本章在郑志刚和许荣等（2011）实证检验发现公司董事责任保险公司章程条款的设计有助于加强投资者保护、降低公司代理成本的基础上，进一步借鉴 Zou 等（2008）的研究，选取 2002—2010 年购买董事责任保险的中国上市公司为样本组，并建立对照组，分别采取配对模型，并利用 2007 年我国 A 股上市公司作为样本进行回归，实证回答了董事责任保险需求的影响因素以及董事责任保险实际购买是否有助于降低公司代理成本的问题，从而为董事责任保险和公司治理机制之间的互动关系提供了基于我国上市公司的经验证据。

本章得到的主要结论为：第一，公司对董事责任保险的需求主要受公司治理机制的影响，而没有受到公司股东利益冲突的影响，良好的公司治理机制会导致公司有更强的董事责任保险需求。第二，董事责任保险的实际购买对于降低公司代理成本作用显著，并且其经济影响显著强于董事责任保险的公司章程条款设计的影响。第三，董事责任保险的实际购买和其他主要公司治理机制之间不存在显著的交互效应，因而董事责任保险很有可能作为一种独立的公司治理机制发挥作用。

本章研究所具有的政策含义为：第一，上市公司有可能基于自身公司治理机制的需要对董事责任保险提出需求，因此，保险公司以及保险监管机构在开发和监管董事责任保险这一险种时有可能会从满足公司治理需求的角度进行设计和监管。第二，董事责任保险可以作为一种有效的公司治理机制发挥作用，这就要求证券监管机构在考察公司治理机制时可以把公司是否购买董事责任保险机制作为一个治理举措纳入监管考量。

参考文献

[1][美]巴菲特．巴菲特2007年至2015年致股东的信[EB/OL]. http://www. berkshirehathaway. com/letters.

[2]白重恩，刘俏，宋敏，等．中国上市公司治理结构的实证研究[J]. 经济研究，2005(2).

[3]毕家新．金融体系顺周期性研究述评[J]．区域金融研究，2012(11).

[4]边文龙，王向楠．投资职能对保险公司风险的影响研究[J]．金融研究，2017，450(12).

[5][美]博迪，默顿．金融学[M]．曹辉，曹音，译．北京：中国人民大学出版社，2010.

[6]蔡志岳，吴世农．董事会特征影响上市公司违规行为的实证研究[J]．南开管理评论，2007(6).

[7]曹春方，陈露兰，张婷婷．"法律的名义"：司法独立性提升与公司违规[J]．金融研究，2017，443(5).

[8]陈国进，林辉，王磊．公司治理、声誉机制和上市公司违法违规行为分析[J]．南开管理评论，2005(6).

[9]戴亦一，潘越，冯舒．中国企业的慈善捐赠是一种"政治献金"吗？——来自市委书记更替的证据[J]．经济研究，2014，49(2).

[10]冯丽艳，肖翔，程小可．社会责任对企业风险的影响效应——基于我国经济环境的分析[J]．南开管理评论，2016，19(6).

[11]傅超，吉利．诉讼风险与公司慈善捐赠——基于"声誉保险"视

角的解释[J]. 南开管理评论, 2017(2).

[12]高雷,何少华,黄志忠. 公司治理与掏空[J]. 经济学(季刊),2006(3).

[13]顾夏铭,陈勇民,潘士远. 经济政策不确定性与创新——基于我国上市公司的实证分析[J]. 经济研究,2018,53(2).

[14]韩浩,宋亚轩,刘璐. 险资举牌对被举牌公司股价波动的影响研究——基于事件研究法的实证分析[J]. 保险研究,2017(8).

[15]韩晴,王华. 独立董事责任险、机构投资者与公司治理[J]. 南开管理评论,2014,17(5).

[16]韩燕,崔鑫. 基金行业的委托代理关系与基金经理的短视行为研究[J]. 管理评论,2014,26(9).

[17]郝项超,梁琪,李政. 融资融券与企业创新:基于数量与质量视角的分析[J]. 经济研究,2018,53(6).

[18]胡国柳,胡珺. 董事高管责任保险与企业风险承担:理论路径与经验证据[J]. 会计研究,2017(5).

[19]胡国柳,赵阳,胡珺. D&O 保险、风险容忍与企业自主创新[J]. 管理世界,2019,35(8).

[20]胡宏兵,郭金龙. 我国保险资金运用问题研究——基于资产负债匹配管理的视角[J]. 宏观经济研究,2009(11).

[21]姜岸. 风险 = 波动率? 巴菲特可不这么看[Z]. http://wallstreetcn.com/node/216287,2015.

[22]姜付秀, 支晓强, 张敏. 投资者利益保护与股权融资成本[J]. 管理世界, 2008(2).

[23]孔东民,孔高文,刘莎莎. 机构投资者、流动性与信息效率[J]. 管理科学学报,2015,18(3).

[24]雷曜. 次贷危机[M]. 北京:机械工业出版社,2009.

[25]黎文靖,郑曼妮. 实质性创新还是策略性创新? ——宏观产业政策对微观企业创新的影响[J]. 经济研究,2016,51(4).

[26]李从刚,许荣. 董事高管责任保险、公司治理与企业创新——基于A股上市公司的经验证据[J]. 金融监管研究,2019(6).

[27]李从刚,许荣. 董事高管责任保险、诉讼风险与自愿性信息披露——来自A股上市公司的经验证据[J]. 山西财经大学学报,2019,41(11).

[28]李红坤. 我国保险资金运用顺周期性效应分析及逆周期政策研究[J]. 上海金融,2015(7).

[29]李青原,时梦雪. 监督型基金与盈余质量——来自我国A股上市公司的经验证据[J]. 南开管理评论,2018,21(1).

[30]李寿喜. 产权、代理成本和代理效率[J]. 经济研究, 2007(1).

[31]李维安,李滨. 机构投资者介入公司治理效果的实证研究——基于CCGI~(NK)的经验研究[J]. 南开管理评论,2008(1).

[32]李文贵,余明桂. 民营化企业的股权结构与企业创新[J]. 管理世界,2015(4).

[33]李祥文,吴文锋. 基金业绩排名与期末业绩拉升[J]. 管理世界,2018,34(9).

[34]李新春,陈斌. 企业群体性败德行为与管制失效——对产品质量安全与监管的制度分析[J]. 经济研究,2013,48(10).

[35]李学峰、李连文. 保险机构调研行为信息效率与信息优势研究[J]. 中国保险资产管理,2019(3).

[36]李增福,汤旭东,连玉君. 中国民营企业社会责任背离之谜[J]. 管理世界,2016(9).

[37]李争光,赵西卜,曹丰,等. 机构投资者异质性与会计稳健性——来自中国上市公司的经验证据[J]. 南开管理评论,2015,18(3).

[38]林毅夫,李志赟. 政策性负担、道德风险与预算软约束[J]. 经济研究,2004(2).

[39]凌士显,白锐锋. 董事高管责任保险的公司治理作用——基于双重代理成本的视角[J]. 财贸经济,2017,38(12).

[40]刘波,李志生,王泓力,杨金强．现金流不确定性与企业创新[J]．经济研究,2017,52(3).

[41]刘超,刘志威．保险业顺周期性与逆周期监管:理论述评、形成机制与应对策略[J]．保险研究,2010(8).

[42]陆蓉,常维．近墨者黑:上市公司违规行为的“同群效应”[J]．金融研究,2018(8).

[43]陆瑶,胡江燕．CEO 与董事间“老乡”关系对公司违规行为的影响研究[J]．南开管理评论,2016,19(2).

[44]陆瑶,李茶．CEO 对董事会的影响力与上市公司违规犯罪[J]．金融研究,2016(1).

[45]陆瑶,朱玉杰,胡晓元．机构投资者持股与上市公司违规行为的实证研究[J]．南开管理评论,2012,15(1).

[46]逯东,谢璇,杨丹．独立董事官员背景类型与上市公司违规研究[J]．会计研究,2017(8).

[47]罗进辉．媒体报道的公司治理作用——双重代理成本视角[J]．金融研究,2012(10).

[48]孟庆斌,邹洋,侯德帅．卖空机制能抑制上市公司违规吗？[J]．经济研究,2019,54(6).

[49]苗文龙,何德旭,周潮．企业创新行为差异与政府技术创新支出效应[J]．经济研究,2019,54(1).

[50]潘越,潘健平,戴亦一．公司诉讼风险、司法地方保护主义与企业创新[J]．经济研究,2015,50(3).

[51]平湖、李箐．基金黑幕——关于基金行为的研究报告解析[J]．财经,2000(10).

[52]权小锋,尹洪英．中国式卖空机制与公司创新——基于融资融券分步扩容的自然实验[J]．管理世界,2017(1).

[53]山立威,甘犁,郑涛．公司捐款与经济动机——汶川地震后中国上市公司捐款的实证研究[J]．经济研究,2008,43(11).

[54]沈艺峰，肖珉，黄娟娟．中小投资者法律保护与公司权益资本成本[J]．经济研究，2005，(6).

[55]沈艺峰，肖珉，林涛．投资者保护与上市公司资本结构[J]．经济研究，2009(7).

[56]沈艺峰，许年行，杨熠．我国中小投资者法律保护历史实践的实证检验[J]．经济研究，2004(9).

[57]施东晖，司徒大年．中国上市公司治理水平及其对绩效影响的实证研究[J]．南开管理评论，2004，7(1).

[58]施卫忠．董事责任保险若干法律问题研究[J]．南京审计学院学报，2004，1(3).

[59]石美娟，童卫华．机构投资者提升公司价值吗？——来自后股改时期的经验证据[J]．金融研究，2009(10).

[60]时建中．公司法原理：精解、案例及运用(第1版)[M]．北京：中国法制出版社，2006.

[61]宋建波，文雯，王德宏．海归高管能促进企业风险承担吗——来自中国A股上市公司的经验证据[J]．财贸经济，2017，38(12).

[62]孙海容．从美国债券保险业的经验教训看中国开展债券保险业务的前景[J]．经济研究导刊，2012(1).

[63]孙健，王百强，曹丰，刘向强．公司战略影响盈余管理吗？[J]．管理世界，2016(3).

[64]谭劲松，林雨晨，张京心．机构投资者的信息功能与权益资本成本——基于机构投资者调研行为的证据[J]．财务研究，2019(3).

[65]谭劲松，林雨晨．机构投资者对信息披露的治理效应——基于机构调研行为的证据[J]．南开管理评论，2016，19(5).

[66]谭劲松，宋顺林，吴立扬．公司透明度的决定因素——基于代理理论和信号理论的经验研究[J]．会计研究，2010(4).

[67]谭松涛，崔小勇．上市公司调研能否提高分析师预测精度[J]．世界经济，2015，38(4)

[68]唐跃军,左晶晶,李汇东．制度环境变迁对公司慈善行为的影响机制研究[J]．经济研究,2014,49(2).

[69]滕飞,辛宇,顾小龙．产品市场竞争与上市公司违规[J]．会计研究,2016(9).

[70]田利辉,张伟．政治关联影响我国上市公司长期绩效的三大效应[J]．经济研究,2013,48(11).

[71]田利辉．国有产权、预算软约束和中国上市公司杠杆治理[J]．管理世界,2005(7).

[72]王琨,肖星．机构投资者持股与关联方占用的实证研究[J]．南开管理评论,2005(2).

[73]王鹏．投资者保护、代理成本与公司绩效[J]．经济研究,2008 (2).

[74]王奇波,樊华．小股东也可以说“不”——“股东行动主义”者在行动[J]．会计师,2005(7).

[75]王珊．投资者实地调研发挥了治理功能吗？——基于盈余管理视角的考察[J]．经济管理,2017,39(9).

[76]王小鲁,樊纲,余静文．中国分省份市场化指数报告(2016)[M]．北京:社会科学文献出版社,2017.

[77]王咏梅,王亚平．机构投资者如何影响市场的信息效率——来自中国的经验证据[J]．金融研究,2011(10).

[78]王有茹．董事责任险需求研究综述[J]．保险研究, 2007(7).

[79]魏志华,吴育辉,李常青．机构投资者持股与中国上市公司现金股利政策[J]．证券市场导报,2012(10).

[80]温军,冯根福．风险投资与企业创新:“增值”与“攫取”的权衡视角[J]．经济研究,2018(2).

[81]温军,冯根福．异质机构、企业性质与自主创新[J]．经济研究,2012(3).

[82]文雯．董事高管责任保险与企业风险承担[J]．山西财经大学学

报, 2017, 39(8).

[83]吴超鹏, 唐莳. 知识产权保护执法力度、技术创新与企业绩效——来自中国上市公司的证据[J]. 经济研究. 2016(11).

[84]吴敬琏. 吴敬琏: 十年纷纭话股市[M]. 上海:上海远东出版社, 2001.

[85]吴锡皓,程逸力. 高管权力、董事高管责任保险与财务重述[J]. 保险研究,2017(9).

[86]吴晓晖,姜彦福. 机构投资者治理效率研究[J]. 统计研究,2006(9).

[87]吴晓求,王广谦. 金融理论与政策[M]. 北京:中国人民大学出版社,2013.

[88]吴勇,李倩,朱卫东. 董事责任保险能否提升公司价值?——基于公司治理视角的研究[J],中国管理科学,2018(4).

[89]夏立军, 方轶强. 政府控制、治理环境与公司价值——来自中国证券市场的经验证据[J]. 经济研究, 2005(5).

[90]许谨良. 董事和高级管理人员职业责任保险发展研究[J]. 保险研究, 2007(9).

[91]许年行,李哲. 高管贫困经历与企业慈善捐赠[J]. 经济研究,2016(12).

[92]许年行,于上尧,伊志宏. 机构投资者羊群行为与股价崩盘风险[J]. 管理世界, 2013(7).

[93]许荣,毛宏灵. 国际比较视野中的中国保险资金运用[J]. 金融与经济,2006(4).

[94]许荣,王杰. 董事责任保险与公司治理机制的互动影响研究——来自中国A股上市公司的证据[J],保险研究,2012(3).

[95]许荣. 保险公司参与提升公司治理的金融功能研究[J]. 保险理论与实践, 2018(9).

[96]许荣, 方明浩,常嘉路. 险资持股能够降低公司违规吗?——保险

投资的公司治理效应研究[J]. 保险研究, 2019(12).

[97]杨文生. 保险投资的顺周期性及逆周期缓释方法[N]. 光明日报, 2012(9).

[98]杨侠,马忠. 机构投资者调研与上市公司内部控制有效性[J]. 中南财经政法大学学报,2020(1).

[99]姚颐,刘志远. 震荡市场、机构投资者与市场稳定[J]. 管理世界, 2008(8).

[100]伊志宏,李艳丽. 机构投资者的公司治理角色:一个文献综述[J]. 管理评论,2013,25(5).

[101]余明桂, 钟慧洁, 范蕊. 业绩考核制度可以促进央企创新吗?[J]. 经济研究, 2016(12).

[102]袁建国,后青松,程晨. 企业政治资源的诅咒效应——基于政治关联与企业技术创新的考察[J]. 管理世界,2015(1).

[103]袁蓉丽,文雯,谢志华. 董事高管责任保险和财务报表重述[J]. 会计研究,2018(5).

[104][加]约翰·赫尔著. 期权、期货及其他金融衍生产品[M]. 王勇,译. 北京:机械工业出版社,2011.

[105]张峰, 黄玖立, 王睿. 政府管制、非正规部门与企业创新:来自制造业的实证依据[J]. 管理世界. 2016(2).

[106]张杰,郑文平. 创新追赶战略抑制了中国专利质量么? [J]. 经济研究,2018(5).

[107]张敏, 童丽静, 许浩然. 社会网络与企业风险承担——基于我国上市公司的经验证据[J]. 管理世界,2015(11).

[108]张敏,姜付秀. 机构投资者, 企业产权与薪酬契约[J]. 世界经济,2010(8).

[109]张敏,马黎珺,张雯. 企业慈善捐赠的政企纽带效应——基于我国上市公司的经验证据[J]. 管理世界,2013(7).

[110]张启迪,樊力嘉. 美国债券保险发展与启示[J]. 中国金融,2014

(5).

[111]张卫民. 基于巴菲特方法的价值投资理论计量研究[D]. 成都: 电子科技大学,2010.

[112]张璇, 刘贝贝, 汪婷,等. 信贷寻租、融资约束与企业创新[J]. 经济研究, 2017(5).

[113]张学勇, 张叶青. 风险投资、创新能力与公司 IPO 的市场表现[J]. 经济研究,2016(10).

[114]章卫东. 上市公司股权再融资的中小投资者保护问题探讨[J]. 财务与会计, 2004(12).

[115]赵玲. 公司治理: 理论与制度(第 1 版)[M]. 北京: 法律出版社, 2009.

[116]赵杨,John Hu. 董事及高管责任保险:激励还是自利? 基于中国上市公司的实证检验[J]. 中国软科学,2014(9).

[117]赵子乐,林建浩. 海洋文化与企业创新——基于东南沿海三大商帮的实证研究[J]. 经济研究,2019,54(2).

[118]赵子夜,杨庆,陈坚波. 通才还是专才:CEO 的能力结构和公司创新[J]. 管理世界,2018,34(2).

[119]甄红线,张先治,迟国泰. 制度环境、终极控制权对公司绩效的影响——基于代理成本的中介效应检验[J]. 金融研究,2015(12).

[120]郑国坚,林东杰,林斌. 大股东股权质押、占款与企业价值[J]. 管理科学学报,2014(9).

[121]郑建明,黄晓蓓,张新民. 管理层业绩预告违规与分析师监管[J]. 会计研究,2015(3).

[122]郑志刚, 许荣, 徐向江, 等. 公司章程条款的设立、法律对投资者权力保护和公司治理[J], 管理世界, 2011(7).

[123]周开国,应千伟,钟畅. 媒体监督能够起到外部治理的作用吗? ——来自中国上市公司违规的证据[J]. 金融研究,2016(6).

[124]周小川. 金融政策对金融危机的响应——宏观审慎政策框架的

形成背景、内在逻辑和主要内容[J]．金融研究,2011(1).

[125]周泽将,刘中燕．独立董事本地任职对上市公司违规行为之影响研究——基于政治关联与产权性质视角的经验证据[J]．中国软科学,2017,(7).

[126]祝继高,王春飞．大股东能有效控制管理层吗？——基于国美电器控制权争夺的案例研究[J]．管理世界,2012(4).

[127]Adams M., Hoejmose S., Kastrinaki Z. Corporate Philanthropy and Risk Management: An Investigation of Reinsurance and Charitable Giving in Insurance Firms[J]. *Business Ethics Quarterly*, 2017, 27(1).

[128]Adams M., Lin C., Zou H. Chief executive officer incentives, monitoring, and corporate risk management: Evidence from insurance use[J]. *Journal of Risk & Insurance*, 2011, 78(3).

[129]Admati A. R., Pfleiderer P. The "Wall Street Walk" and Shareholder Activism: Exit as a Form of Voice[J]. *Review of Financial Studies*, 2009, 22(7).

[130]Aghion P., Van Reenen J., Zingales L. Innovation and institutional ownership[J]. *American Economic Review*, 2013, 103(1).

[131]Aghion P., Howitt P. Appropriate Growth Policy: A Unifying Framework[J]. *Scholarly Articles*, 2006(4).

[132]Aghion P., Bloom N., Blundell R., et al. Competition and Innovation: An inverted - U Relationship[J]. *Quarterly Journal of Economics*, 2005, 120(2).

[133]Ahn S., Choi W. The role of bank monitoring in corporate governance: Evidence from borrowers' earnings management behavior[J]. *Journal of Banking & Finance*, 2009, 33(2).

[134]Almazan A., Starks H. L. T. Active Institutional Shareholders and Costs of Monitoring: Evidence from Executive Compensation[J]. *Financial Management*, 2005, 34(4).

[135] Amiram D. , Bozanic Z. , Cox J. D. , et al. Financial reporting fraud and other forms of misconduct: a multidisciplinary review of the literature[J]. *Review of Accounting Studies*, 2018, 23(2).

[136] Ang J. S. , Cole R. A. , Lin J. W. Agency Costs and Ownership Structure[J]. *The Journal of Finance*, 2000, 55(1).

[137] Arnswald T. Investment Behaviour of German Equity Fund Managers – An Exploratory Analysis of Survey Data[R]. *Deutsche Bundesbank*, 2001.

[138] Atanassov, Julian. Do Hostile Takeovers Stifle Innovation? Evidence from Antitakeover Legislation and Corporate Patenting[J]. *The Journal of Finance*, 2013, 68(3).

[139] Aunon – Nerin D. & Ehling P . Why Firms Purchase Property Insurance? [J]. *Swiss Finance Institute Research Paper*, 2007, 90(3).

[140] Baker T. & Griffith S. J. Predicting Corporate Governance Risk: Evidence From the Directors'\& Officers' Liability Insurance Market[J]. *The University of Chicago Law Review*, 2007, 74(2).

[141] Balsmeier, Benjamin, Fleming, et al. Independent boards and innovation[J]. *Journal of Financial Economics*, 2006, 123(3).

[142] Barclay M. J. , C. G. Holderness and J. Pontiff. Private Benefits From Block Ownership and Discounts On Closed – End Funds[J]. *Journal of Financial Economics*, 1993(33).

[143] Bar – Gill, Oren, Bebchuk, Lucian A. Misreporting Corporate Performance[J]. Haward law and economics disassion paper, 2002(400).

[144] Barnett M. L. , Hartmann J. , Salomon R. M . Have You Been Served? Extending the Relationship between Corporate Social Responsibility and Lawsuits[J]. *Social Science Electronic Publishing*, 2017, 2014(1).

[145] Beasley M. S . An Empirical Analysis of the Relation Between Board of Director Composition and Financial Statement Fraud[J]. *Accounting Review*, 1996, 71(4).

[146] Beatty A., Gron A., Jorgensen B. Corporate risk management: evidence from product liability[J]. *Journal of Financial Intermediation*, 2005, 14 (2).

[147] Bebchuk L., A. Cohen A. Ferrell. What Matters in Corporate Governance? [J]. *Review of Financial Studies*, 2009, 22.

[148] Becht M., Bolton P., Roell A. Corporate governance and control [M]. Handbook of the Econonics of Finance. Elsecier, 2003, 1: 1 – 109.

[149] Bentley Kathleen A., Omer Thomas C., Sharp Nathan Y. Business Strategy, Financial Reporting Irregularities, and Audit Effort[J]. *Contemporary Accounting Research*, 2013, 30(2).

[150] Bernstein S. Does Going Public Affect Innovation? [J]. *Journal of Finance*, 2015, 70.

[151] Bertrand M. & S. Mullainathan. Enjoying the Quiet Life? Corporate Governance and Managerial Preferences[J]. *Journal of political Economy*, 2003, 111.

[152] Bhojraj S. & P. Sengupta. Effect of Corporate Governance On Bond Ratings and Yields: The Role of Institutional Investors and Outside Directors [J]. *Journal of Business*, 2003, 76.

[153] Bikhchandani S., D. Hirshleifer and I. Welch. A Theory of Fads, Fashion, Custom, and Cultural Change as Informational Cascades[J]. *Journal of Political Economy*, 1992, 100(5).

[154] Borio C., Galati G., Heath A. FX reserve management: trends and challenges[R]. *Bank for Internationd Settlement*, 2008.

[155] Boyer M. M., Stern L. H. D&O insurance and IPO performance: What can we learn from insurers? [J]. *Journal of Financial Intermediation*, 2014, 23(4).

[156] Boyer M. M., Stern L. H. Is corporate governance risk valued? Evidence from directors' and officers' insurance[J]. *Journal of Corporate Finance*,

2012, 18(2).

[157]Brav A., Jiang W., Kim H. Hedge fund activism: A review[J]. *Foundations and Trends R in Finance*, 2010, 4(3).

[158]Brav A., Jiang W., Ma S., et al. How does hedge fund activism reshape corporate innovation? [J]. *Journal of Financial Economics*, 2018, 130(2).

[159]Brav A., Jiang W., Partnoy F., et al. Hedge fund activism, corporate governance, and firm performance[J]. *The Journal of Finance*, 2008, 63(4).

[160]Brenan M. Agency and asset prices[J]. *Financial Working Papers*. UCLA, 1993.

[161]Brickley J. A., Lease R. C., Smith Jr C. W. Ownership structure and voting on antitakeover amendments[J]. *Journal of financial economics*, 1988, 20: 267-291.

[162]Brown L. D., Call A. C., Clement M. B., et al. Inside the "black box" of sell-side financial analysts[J]. *Journal of Accounting Research*, 2015, 53(1).

[163]Brunnermeier M. K., Oehmke M. Predatory short selling[J]. *Review of Finance*, 2014, 18(6).

[164]Brunnermeier M. K. Deciphering the liquidity and credit crunch 2007-2008[J]. *Journal of Economic perspectives*, 2009, 23(1).

[165]Burkart M., Gromb D., Panunzi F. Large shareholders, monitoring, and the value of the firm[J]. *The quarterly journal of economics*, 1997, 112(3).

[166]Bushee B. J. The influence of institutional investors on myopic R&D investment behavior[J]. *Accounting review*, 1998:73(3):305.

[167]Byun H. S., Kim W., Lee E. J., et al. When and Why Do Takeovers Lead to Fraud? [J]. *Financial Management*, 2019, 48(1).

[168]Chalmers J. M. R., Dann L. Y., Harford J. Managerial opportun-

ism? Evidence from directors' and officers' insurance purchases[J]. *The Journal of Finance*, 2002, 57(2).

[169]Chemmanur T. J., Tian X. Do antitakeover provisions spur corporate innovation? A regression discontinuity analysis[J]. *Journal of Financial and Quantitative Analysis*, 2018, 53(3).

[170]Chen J., Cumming D., Hou W., et al. Does the external monitoring effect of financial analysts deter corporate fraud in China? [J]. *Journal of Business Ethics*, 2016, 134(4).

[171]Chen X., Harford J., Li K. Monitoring: Which institutions matter? [J]. *Journal of financial Economics*, 2007, 86(2).

[172]Chen Z., Li O. Z., Zou H. Directors' and officers' liability insurance and the cost of equity[J]. *Journal of Accounting and Economics*, 2016, 61(1).

[173]Chen G. Z. The Influence of Directors' and Officers' Insurance on Managerial Myopic Behavior[J]. *Asian Journal of Finance & Accounting*,2016,8(2).

[174]Cheng Q., Du F., Wang X., et al. Are investors' corporate site visits informative? [J]. *Working Paper,Singapore Management University School*, 2013.

[175]Cheng Q., Du F., Wang X., et al. Seeing is believing: analysts' corporate site visits[J]. *Review of Accounting Studies*, 2016, 21(4).

[176]Core J. E. On the corporate demand for directors' and officers' insurance[J]. *Journal of Risk and Insurance*, 1997,64(1):63-88.

[177]Core J. E. The directors' and officers' insurance premium: An outside assessment of the quality of corporate governance[J]. *Journal of Law, Economics, and Organization*, 2000, 16(2).

[178]Correia M. M. Political connections, SEC enforcement and accounting quality[M]. *Stanford University*, 2009.

[179]Cronqvist H., Fahlenbrach R. Large shareholders and corporate poli-

cies[J]. *The Review of Financial Studies*, 2008, 22(10).

[180]Cvijanovic D., Dasgupta A., Zachariadis K. E. Ties that bind: How business connections affect mutual fund activism[J]. *The Journal of Finance*, 2016, 71(6).

[181]Danielsson J. Towards a more procyclical financial system[J]. *VoxEU. org. Disponible sur le site: www. voxeu. org/article/towards - more - procyclical - financial - system*, 2013.

[182]Davis G. F., Kim E. H. Business ties and proxy voting by mutual funds[J]. *Journal of Financial Economics*, 2007, 85(2).

[183]Dechow P. M., Ge W., Larson C. R., et al. Predicting material accounting misstatements[J]. *Contemporary accounting research*, 2011, 28(1).

[184]Deli D. N, Gillan S. L. On the demand for independent and active audit committees[J]. *Journal of Corporate Finance*, 2000, 6(4).

[185]Dhaliwal D. S., Li O. Z., Tsang A., et al. Voluntary nonfinancial disclosure and the cost of equity capital: The initiation of corporate social responsibility reporting[J]. *The accounting review*, 2011, 86(1).

[186]Djankov S., La Porta R., Lopez - de - Silanes F., et al. The law and economics of self - dealing[J]. *Journal of financial economics*, 2008, 88(3).

[187]Dyck A., Morse A., Zingales L. Who blows the whistle on corporate fraud? [J]. *The journal of finance*, 2010, 65(6).

[188]Edelen R. M., Ince O. S., Kadlec G B. Institutional investors and stock return anomalies[J]. *Journal of Financial Economics*, 2016, 119(3).

[189]Edmans A., Manso G. Governance through trading and intervention: A theory of multiple blockholders[J]. *The Review of Financial Studies*, 2011, 24(7).

[190]Edmans A. Blockholders and corporate governance[J]. *Annu. Rev. Financ. Econ.*, 2014, 6(1).

[191] Elfenbein D. W., Fisman R., McManus B. Charity as a substitute for reputation: Evidence from an online marketplace [J]. *Review of Economic Studies*, 2012, 79(4).

[192] Eng L. L., Shackell M. The implications of long – term performance plans and institutional ownership for firms' research and development (R&D) investments [J]. *Journal of Accounting, Auditing & Finance*, 2001, 16(2).

[193] Faccio M., Lasfer M. A. Do occupational pension funds monitor companies in which they hold large stakes? [J]. *Journal of Corporate Finance*, 2000, 6(1).

[194] Fernández de Lis S., Garcia – Herrero A. Dynamic provisioning: Some lessons from existing experiences [R]. Asian Developmant Bank Institute. 2010.

[195] Fich E. M., Shivdasani A. Financial fraud, director reputation, and shareholder wealth [J]. *Journal of Financial Economics*, 2007, 86(2).

[196] Firth M., Lin C., Zou H. Friend or foe? The role of state and mutual fund ownership in the split share structure reform in China [J]. *Journal of Financial and Quantitative Analysis*, 2010, 45(3).

[197] Friedman M. The social responsibility of business is to increase its profits [M]//*Corporate ethics and corporate governance*. Springer, Berlin, Heidelberg, 2007.

[198] Fung S., Tsai S. C. Institutional ownership and corporate investment performance [J]. *Canadian Journal of Administrative Sciences/Revue Canadienne des Sciences de l'Administration*, 2012, 29(4).

[199] Galaskiewicz J. An urban grants economy revisited: Corporate charitable contributions in the Twin Cities, 1979 – 1981, 1987 – 1989 [J]. *Administrative Science Quarterly*, 1997, 42(3): 445 – 471.

[200] Gallagher D. R., Gardner P. A., Swan P. L. Governance through trading: Institutional swing trades and subsequent firm performance [J]. *Journal*

of Financial and Quantitative Analysis, 2013, 48(2).

[201]Gao Y. Philanthropic disaster relief giving as a response to institutional pressure: Evidence from China[J]. *Journal of Business Research*, 2011, 64(12).

[202]Gillan S. L., Panasian C A. On lawsuits, corporate governance, and directors' and officers' liability insurance[J]. *Journal of risk and Insurance*, 2015, 82(4).

[203]Gillan S., Starks L. T. Corporate governance, corporate ownership, and the role of institutional investors: A global perspective[J]. *Journal of applied Finance*, 2003, 13(2).

[204]Godfrey P. C., Merrill C. B., Hansen J. M. The relationship between corporate social responsibility and shareholder value: An empirical test of the risk management hypothesis[J]. *Strategic management journal*, 2009, 30(4).

[205]Godfrey P. C. The relationship between corporate philanthropy and shareholder wealth: A risk management perspective[J]. *Academy of management review*, 2005, 30(4).

[206]Goldman E., Slezak S. L. An equilibrium model of incentive contracts in the presence of information manipulation[J]. *Journal of Financial Economics*, 2006, 80(3).

[207]Gompers P. A., Metrick A. Institutional investors and equity prices[J]. *The quarterly journal of Economics*, 2001, 116(1).

[208]Gompers P., Ishii J., Metrick A. Corporate governance and equity prices[J]. *The quarterly journal of economics*, 2003, 118(1).

[209]Graham J. R., Harvey C. R., Rajgopal S. The economic implications of corporate financial reporting[J]. *Journal of accounting and economics*, 2005, 40(1-3).

[210]Haans R. F. J., Pieters C., He Z. L. Thinking about U: Theorizing

and testing U - and inverted U – shaped relationships in strategy research[J]. *Strategic Management Journal*, 2016, 37(7).

[211]Haldane A., Goldin I., Gupta A., et al. Procyclicality and Structural Trends in Investment Allocation by Insurance Companies and Pension Funds[J]. *Marrying the Macro – and Microprudential Dimensions of Financial Stability*, 2014.

[212]Hardouvelis G. A. Actions for a less procyclical financial system[J]. Economy & Markets, *Eurobank Research*, 2010, 5(5).

[213]Hartzell J. C, Starks L. T. Institutional investors and executive compensation[J]. *The journal of finance*, 2003, 58(6).

[214]Healy P. M., Palepu K. G. Information asymmetry, corporate disclosure, and the capital markets: A review of the empirical disclosure literature [J]. *Journal of accounting and economics*, 2001, 31(1 –3).

[215]Hirshleifer D., Low A., Teoh S. H. Are overconfident CEOs better innovators? [J]. *The journal of finance*, 2012, 67(4).

[216]Hong S., Oxley L., McCann P. A survey of the innovation surveys [J]. *Journal of economic surveys*, 2012, 26(3).

[217]Hoyt R. E., Khang H. On the demand for corporate property insurance[J]. *Journal of Risk and Insurance*, 2000.

[218]Hwang J. H., Kim B. Directors' and officers' liability insurance and firm value[J]. *Journal of Risk and Insurance*, 2018, 85(2).

[219]Ilyina A. Portfolio constraints and contagion in emerging markets[J]. *IMF staff papers*, 2006, 53(3).

[220]JENSEN M. C., IndustrialRevolution T. M. Exit, andtheFailureofInternalControlSystems[J]. *JournalofFinancialEconomics*, 1993, 25(3).

[221]Jiang G., Lee C. M. C., Yue H. Tunneling through intercorporate loans: The China experience[J]. *Journal of financial economics*, 2010, 98(1).

[222]Jiang W., Adams M., Jia – Upreti J. Does managerial entrenchment motivate the insurance decision? [J]. *International Review of Financial Analy-*

sis, 2012, 24.

[223]Jiang X., Yuan Q. Institutional investors' corporate site visits and corporate innovation[J]. *Journal of Corporate Finance*, 2018, 48.

[224]Jo H., Na H. Does CSR reduce firm risk? Evidence from controversial industry sectors[J]. *Journal of business ethics*, 2012, 110(4).

[225]John H. Cochrane. Panel Discussion[Z]. NBER Asset Pricing Meeting, 2009.

[226]Jones B. Institutionalizing Countercyclical Investment[M]. International Monetary Fund, 2016.

[227]Kai L., Prabhala N. R. Self – selection models in corporate finance [M]//*Handbook of empirical corporate finance*. Elsevier, 2007.

[228]Kang J. K., Luo J., Na H. S. Are institutional investors with multiple blockholdings effective monitors? [J]. *Journal of Financial Economics*, 2018, 128(3).

[229]Karpoff J. M., Lou X. Short sellers and financial misconduct[J]. *The Journal of Finance*, 2010, 65(5).

[230]Keynes J. M. The general theory of employment, interest, and money [M]. Springer,1936.

[231]Khanna V., Kim E. H., Lu Y. CEO connectedness and corporate fraud[J]. *The Journal of Finance*, 2015, 70(3).

[232]Kim B. & J. H. Hwang. Directors' and Officers' Liability Insurance and Corporate Risk – Taking[J]. *Korean Journal of Financial Studies*, 2016, 45.

[233]Koh P. S., Qian C., Wang H. Firm litigation risk and the insurance value of corporate social performance[J]. *Strategic Management Journal*, 2014, 35(10).

[234]La Porta R., Lopez – de – Silanes F., Shleifer A., et al. Investor protection and corporate governance[J]. *Journal of financial economics*, 2000, 58(1 –2).

[235] Lai Y. H., Tai V. W. Managerial overconfidence and directors' and officers' liability insurance[J]. *Pacific – Basin Finance Journal*, 2019, 57.

[236] Lang M. H., Lins K. V., Miller D. P. Concentrated control, analyst following, and valuation: Do analysts matter most when investors are protected least? [J]. *Journal of Accounting Research*, 2004, 42(3).

[237] Lennox C., Pittman J. A. Big Five audits and accounting fraud[J]. *Contemporary Accounting Research*, 2010, 27(1).

[238] Li D. Moshirian F. Pham P. K. et al. When financial institutions are large shareholders: The role of macro corporate governance environments[J]. *The Journal of Finance*, 2006, 61(6).

[239] Li J., Tang Y. I. CEO hubris and firm risk taking in China: The moderating role of managerial discretion[J]. *Academy of Management Journal*, 2010, 53(1).

[240] Li K. F., Liao Y. P. Directors' and officers' liability insurance and investment efficiency: Evidence from Taiwan[J]. *Pacific – Basin Finance Journal*, 2014, 29.

[241] Li K., Yue H., Zhao L. Ownership, institutions, and capital structure: Evidence from China[J]. *Journal of comparative economics*, 2009, 37(3).

[242] Lin C., Officer M. S., Wang R., et al. Directors' and officers' liability insurance and loan spreads[J]. *Journal of Financial Economics*, 2013, 110(1).

[243] Lin C., Officer M. S., Zou H. Directors' and officers' liability insurance and acquisition outcomes[J]. *Journal of Financial Economics*, 2011, 102(3).

[244] Lind J. T., Mehlum H. With or without U? The appropriate test for a U – shaped relationship[J]. *Oxford bulletin of economics and statistics*, 2010, 72(1).

[245] Love I., Klapper L. F. Corporate governance, investor protection, and performance in emerging markets[M]. The World Bank, 2002.

[246] Luo X., Chung C. N. Keeping it all in the family: The role of particularistic relationships in business group performance during institutional transition [J]. *Administrative Science Quarterly*, 2005, 50(3).

[247] MankaïS., Belgacem A. Interactions between risk taking, capital, and reinsurance for property - liability insurance firms[J]. *Journal of risk and insurance*, 2016, 83(4).

[248] Mayers D., Smith C. W. On the corporate demand for insurance [M]//Foundations of insurance economics. Springer, Dordrecht, 1982.

[249] Mayers D., Smith Jr C. W. Corporate insurance and the underinvestment problem[J]. *Journal of Risk and Insurance*, 1987.

[250] McCahery J. A., Sautner Z., Starks L. T. Behind the scenes: The corporate governance preferences of institutional investors[J]. *The Journal of Finance*, 2016, 71(6).

[251] Miller G. S. The press as a watchdog for accounting fraud[J]. *Journal of Accounting Research*, 2006, 44(5).

[252] Mitra S., Cready W. M. Institutional stock ownership, accrual management, and information environment[J]. *Journal of Accounting, Auditing & Finance*, 2005, 20(3).

[253] Mukherjee A, Singh M, Žaldokas A. Do corporate taxes hinder innovation? [J]. *Journal of Financial Economics*, 2017, 124(1).

[254] Myers S. C., Majluf N. S. Corporate financing and investment decisions when firms have informationthat investors do not have[R]. *National Bureau of Economic Research*, 1984.

[255] Nocco B. W., Stulz R. M. Enterprise risk management: Theory and practice[J]. *Journal of applied corporate finance*, 2006, 18(4).

[256] O'Sullivan N. Insurıng the agents: The role of directors' and officers' insurance in corporate governance[J]. *Journal of Risk and Insurance*, 1997.

[257] Papaioannou M. M. G., Park M. J, Pihlman J., et al. Procyclical

behavior of institutional investors during the recent financial crisis: Causes, impacts, and challenges[M]. International Monetary Fund, 2013.

[258] Park M. What drives corporate insurance demand? Evidence from directors' and officers' liability insurance in Korea[J]. *Journal of Corporate Finance*, 2018, 51.

[259] Pere Arqué – Castells. How venture capitalists spur invention in Spain: Evidence from patent trajectories[J]. *Research Policy*, 2012, 41(5).

[260] Porter M. E. Capital disadvantage: America's failing capital investment system[J]. *Harvard business review*, 1992, 70(5).

[261] Priest G L. The current insurance crisis and modern tort law[J]. *Yale Lj*, 1986, 96.

[262] Regan L, Hur Y. On the corporate demand for insurance: The case of Korean nonfinancial firms[J]. *Journal of Risk and Insurance*, 2007, 74(4).

[263] Rochet J. C., Villeneuve S. Liquidity management and corporate demand for hedging and insurance[J]. *Journal of Financial Intermediation*, 2011, 20(3).

[264] Rochet J. C. Procyclicality of financial systems: is there a need to modify current accounting and regulatory rules? [J]. *FSR FINANCIAL*, 2008.

[265] Romer P. M. Increasing returns and long – run growth[J]. *Journal of political economy*, 1986, 94(5).

[266] Ryan L. V., Schneider M. The antecedents of institutional investor activism[J]. *Academy of Management Review*, 2002, 27(4).

[267] Sapra H., Subramanian A., Subramanian K. V. Corporate governance and innovation: Theory and evidence[J]. *Journal of Financial and Quantitative Analysis*, 2014, 49(4).

[268] Scharfstein D. S., Stein J. C. Herd behavior and investment[J]. *The American Economic Review*, 1990.

[269] Shi W., Connelly B. L., Hoskisson R. E. External corporate govern-

ance and financial fraud: Cognitive evaluation theory insights on agency theory prescriptions[J]. *Strategic Management Journal*, 2017, 38(6).

[270]Shiu Y. M., Yang S. L. Does engagement in corporate social responsibility provide strategic insurance—like effects? [J]. *Strategic Management Journal*, 2017, 38(2).

[271]Shleifer A., Vishny R. W. A survey of corporate governance[J]. *The journal of finance*, 1997, 52(2).

[272]Shleifer A., Vishny R. W. Large shareholders and corporate control [J]. *Journal of political economy*, 1986, 94(3, Part 1).

[273]Simon M., Houghton S M. The relationship between overconfidence and the introduction of risky products: Evidence from a field study[J]. *Academy of Management Journal*, 2003, 46(2).

[274]Smit H., van den Berg W. A. Private equity waves[R]. Tinbergen Institute. 2006.

[275]Strategy O. I. An agenda for policy action[C]//Proceedings of the Meeting of the OECD Council at Ministerial Level, Paris, France. 2015.

[276]Sunder J., Sunder S. V., Zhang J. Pilot CEOs and corporate innovation[J]. *Journal of Financial Economics*, 2017, 123(1).

[277]Wahal S., McConnell J. J. Do institutional investors exacerbate managerial myopia? [J]. *Journal of corporate Finance*, 2000, 6(3).

[278]Wang Y., Chen C. Directors' and officers' liability insurance and the sensitivity of directors' compensation to firm performance[J]. *International Review of Economics & Finance*, 2016, 45.

[279]Ward C., Yin C., Zeng Y. Institutional investor monitoring motivation and the marginal value of cash [J]. *Journal of Corporate Finance*, 2018, 48.

[280]Webb R., M. Beck R. Mckinnon. Problems and Limitations of Institutional Investor Participation in Corporate Governance[J]. *Corporate Govern-*

ance An International Review, 2010, 11(1).

[281] Weng T. C., Chen G. Z., Chi H. Y. Effects of directors and officers liability insurance on accounting restatements [J]. *International Review of Economics & Finance*, 2017, 49.

[282] Werbel J. D., Carter S. M. The CEO's influence on corporate foundation giving [J]. *Journal of Business Ethics*, 2002, 40(1).

[283] Woidtke T. Agents watching agents?: evidence from pension fund ownership and firm value [J]. *Journal of Financial Economics*, 2002, 63(1).

[284] Yan X., Zhang Z. Institutional investors and equity returns: Are short-term institutions better informed? [J]. *The Review of Financial Studies*, 2009, 22(2).

[285] Yuan R., Sun J., Cao F. Directors' and officers' liability insurance and stock price crash risk [J]. *Journal of Corporate Finance*, 2016, 37.

[286] Zanglein J. E. Who's Minding Your Business - Preliminary Observations on Data and Anecdotes Collected on the Role of Institutional Investors in Corporate Governance [J]. *Hofstra Labor & Employment Law Journal*, 1992, 10(1): 2.

[287] Zou H., Adams M. B. Debt capacity, cost of debt, and corporate insurance [J]. *Journal of Financial and Quantitative Analysis*, 2008, 43(2).

[288] Zou H., Adams M. B. The corporate purchase of property insurance: Chinese evidence [J]. *Journal of Financial Intermediation*, 2006, 15(2).

[289] Zou H., Wong S., Shum C., et al. Controlling - minority shareholder incentive conflicts and directors' and officers' liability insurance: Evidence from China [J]. *Journal of Banking & Finance*, 2008, 32(12).

附　录　中国人民大学重阳金融研究院研究成果书系

一、智库新锐作品系列

数字中国：区块链、智能革命与国家治理的未来．王文、刘玉书 著．中信出版集团．2020 年 3 月

二、智库作品系列

开启亚欧新时代：中俄智库联合研究两国共同复兴的新增量．王文、［俄］谢尔盖·格拉济耶夫 主编．人民出版社．2019 年 11 月

大金融时代——走向金融强国之路．王文 贾晋京 卞永祖等 著．人民出版社．2019 年 10 月

中国改革开放 40 年与中国金融学科发展．吴晓求 主编．中国经济出版社．2019 年 9 月

最后一场世界大战．美国挑起与输掉的战争．格拉济耶夫 著．世界知识出版社．2019 年 8 月

强国与富民．中国人民大学重阳金融研究院 主编．中国人民大学出版社．2019 年 8 月

强国长征路：百国调研归来看中华复兴与世界未来．王文 著．中共中央党校出版社．2019 年 7 月

“一带一路”这五年的故事（7 本六大语种）．刘伟 主编．外文出版社．2019 年 4 月

货币起源．周洛华 著．上海财经大学出版社．2019 年 4 月

别误读中国经济．罗思义 著．天津人民出版社．2019 年 2 月

看好中国 英文版．王文 著．英国莱斯出版社．2018 年 11 月

中国改革大趋势．刘伟 主编．人民出版社．2018 年 10 月

造血金融与一带一路：中非发展合作新模式．程诚 著．中国人民大学出版社．2018 年 8 月

新丝路、新格局——全球治理变革的中国智慧．王利明 主编．新世界出版社．2018 年 6 月

富豪政治的悖论与悲喜．陈晨晨 著．世界知识出版社．2018 年 4 月

“一带一路”民心相通．郭业洲 主编．人民出版社．2018 年 1 月

看好中国：一位智库学者的全球演讲．王文 著．人民出版社．2017 年 10 月

风云激荡的世界．何亚非 著．人民出版社．2017 年 10 月

读懂“一带一路”蓝图．刘伟 主编．商务印书馆．2017 年 8 月

金砖国家：新全球化发动机．王文、刘英 著．新世界出版社．2017 年 7 月

全球治理新格局——G20 的中国贡献于未来展望．费伊楠、人大重阳 著．新世界出版社．2017 年 7 月

“一带一路”故事系列丛书（7 本 6 大语种）．刘伟 主编．外文出版社．2017 年 5 月

世界新平庸 中国新思虑．何伟文 著．科学出版社．2017 年 5 月

一带一路：中国崛起的天下担当．王义桅 著．人民出版社．2017 年 4 月

在危机中崛起：美国如何实现经济转型．刘戈 著．中信出版集团．2017 年 4 月

绿色金融与“一带一路”．中国人民大学重阳金融研究院、中国人民大学生态金融研究中心 著．中国金融出版社．2017 年 4 月

破解中国经济十大难题．中国人民大学重阳金融研究院 著．人民出版社．2017 年 3 月

伐谋：中国智库影响世界之道. 王文 著. 人民出版社. 2016 年 12 月

人民币为什么行. 王文 贾晋京 编著. 中信出版集团. 2016 年 11 月

中国—G20（大型画册）. 中国人民大学重阳金融研究院 著. 五洲传播出版社. 2016 年 8 月

G20 问与答. 中国人民大学重阳金融研究院 著. 五洲传播出版社. 2016 年 8 月

全球治理的中国方案. 辛本健 编著. 机械工业出版社. 2016 年 8 月

“一带一路”国际贸易支点城市研究（英文版）. 中国人民大学重阳金融研究院 著. 新世界出版社. 2016 年 8 月

2016：G20 与中国（英文版）中国人民大学重阳金融研究院 著. 新世界出版社. 2016 年 7 月

世界是通的——“一带一路”的逻辑. 王义桅 著. 商务印书馆. 2016 年 6 月

一盘大棋——中国新命运的解析. 罗思义 著. 江苏凤凰文艺出版社. 2016 年 4 月

美国的焦虑：一位智库学者调研美国手记. 王文 著. 人民出版社. 2016 年 3 月

2016：G20 与中国. 中国人民大学重阳金融研究院 著. 中信出版集团. 2016 年 2 月

“一带一路”国际贸易新格局：“一带一路”智库研究蓝皮书 2015—2016. 中国人民大学重阳金融研究院 主编. 中信出版集团. 2016 年 1 月

G20 与全球治理：G20 智库蓝皮书 2015－2016. 中国人民大学重阳金融研究院 主编. 中信出版集团. 2015 年 12 月

“一带一路”国际贸易支点城市研究. 中国人民大学重阳金融研究院 著. 中信出版集团. 2015 年 12 月

从丝绸之路到欧亚大陆桥. 黑尔佳 · 策普－拉鲁什，威廉 · 琼斯 主编. 江苏人民出版社. 2015 年 10 月

财富新时代——如何激活百姓的钱. 王永昌 主笔 & 主编. 中国经济出

版社. 2015 年 7 月

生态金融的发展与未来. 陈雨露 主编. 人民出版社. 2015 年 6 月

构建中国绿色金融体系. 绿色金融工作小组 著. 中国金融出版社. 2015 年 4 月

“一带一路”机遇与挑战. 王义桅 著. 人民出版社. 2015 年 4 月

重塑全球治理——关于全球治理的理论与实践. 庞中英 著. 中国经济出版社. 2015 年 3 月

金融制裁——美国新型全球不对称权力. 徐以升 著. 中国经济出版社. 2015 年 1 月

大金融与综合增长的世界——G20 智库蓝皮书 2014－2015. 陈雨露 主编. 中国经济出版社. 2014 年 11 月

欧亚时代——丝绸之路经济带研究蓝皮书 2014－2015. 中国人民大学重阳金融研究院 主编. 中国经济出版社. 2014 年 10 月

重新发现中国优势. 中国人民大学重阳金融研究院 主编. 中国经济出版社. 2014 年 8 月

谁来治理新世界——关于 G20 的现状与未来. 中国人民大学重阳金融研究院 主编. 社会科学文献出版社. 2014 年 1 月

三、学术作品系列

《“一带一路”大百科》. 刘伟 主编 王文 执行 主编 . 湖北：崇文书局 . 2019 年 12 月

中国绿色金融发展报告 2019. 马中、周月秋、王文 主编 . 中国金融出版社. 2019 年 12 月

轻与重：中国税收负担全景透视 . 吕冰洋 著 . 中国金融出版社 . 2019 年 2 月

中国绿色金融发展报告 2018. 马中、周月秋、王文 主编 . 中国金融出版社. 2018 年 7 月

全球视野下的金融学科发展. 吴晓求 主编. 中国金融出版社. 2018

年5月

“一带一路”投资绿色标尺. 王文、翟永平 主编. 人民出版社. 2018年4月

“一带一路”投资绿色成本与收益核算. 王文、翟永平 主编. 人民出版社. 2018年4月

中国绿色金融发展报告2017. 马中、周月秋、王文 主编. 中国金融出版社. 2018年1月

互联网金融风险与监管研究. 刘志洋、宋玉颖 著. 中国金融出版社. 2017年9月

从万科到阿里——分散股权时代的公司治理. 郑志刚 著. 北京大学出版社. 2017年4月

金融杠杆与宏观经济：全球经验及对中国的启示. 中国人民大学重阳金融研究院 著. 中国金融出版社. 2017年4月

DSGE宏观金融建模及政策模拟分析. 马勇 著. 中国金融出版社. 2017年2月

金融杠杆水平的适度性研究. 朱澄 著. 中国金融出版社. 2016年10月

金融监管与宏观审慎. 马勇 著. 中国金融出版社. 2016年4月

中国艺术品金融2015年度研究报告. 庄毓敏、陆华强、黄隽 主编. 中国金融出版社. 2016年3月

四、金融下午茶系列

有趣的金融. 董希淼 著. 中信出版集团. 2016年7月

插嘴集. 刘志勤 著. 九州出版社. 2016年1月

多嘴集. 刘志勤 著. 九州出版社. 2014年7月

金融是杯下午茶. 中国人民大学重阳金融研究院 主编. 东方出版社. 2014年4月

索　引